Mein Leben mit Psychose

Christine Kuhn

Mein Leben mit Psychose
Der Seiltanz zwischen Dunkel und Licht

Impressum

Bibliografische Informationen der Deutschen Nationalbibliothek
Die Deutsche Nationalbibliothek verzeichnet diese Publikation in der Deutschen Nationalbibliografie; detaillierte bibliografische Daten sind im Internet über http://dnb.d-nb.de abrufbar.

ISBN: 978-3-95894-016-1 (Print) / 978-3-95894-017-8 (E-Book)

Widmung

Dieses Buch widme ich allen Menschen, die durch psychische Krankheit an den Rand der Gesellschaft gedrängt werden.

Ich widme es jenen Menschen, die das Anders-Sein auf existentielle Weise erleiden und keine Worte finden, ihr wahres Wesen zu zeigen, da viele Vorurteile die Kommunikation verunmöglichen.

Ich spreche auch jene Menschen an, denen Außenstehende ihre Beeinträchtigung nicht ansehen und deren täglicher Kampf gegen die Windmühlen fehlender Anerkennung sie in ein Gefühl von Ohnmacht und Resignation treibt.

Außerdem widme ich die Zeilen ihn diesem Buch jenen Menschen, die ihre Innenwelt verleugnen, da sie schon zu oft gehört haben, ihre Seelenqualen und ihre eigene Wahrnehmung ihres Anders-Seins sei nur Einbildung.

Allen diesen Menschen wünsche ich, dass die Zeilen dieses Buches ihnen Mut und Kraft geben, neue Wege oder alternative Türen zu entdecken, welche lebenswert sind und neue Horizonte eröffnen.

Inhalt

Danksagung

Mein Dank gilt vor allem jenen Menschen, die mich durch meine schwierige Zeit von 2004 bis heute hindurch begleitet haben, eine Zeit, in der ich an einer Psychose erkrankte, die mein ganzes Leben veränderte. Zu zuallererst danke ich dem langjährigen Leiter der Kreativwerkstatt des Bürgerspital Basel, der inzwischen pensioniert worden ist. Er hat mich in unzähligen einfühlsamen Gesprächen begleitet und immer wieder versucht, meiner Seele Boden zu geben. Trotz der großen Dunkelheit, die er bei meinem Eintritt im Jahre 2004 in meiner Seele gespürt hat, war er so mutig, mich als Mitarbeiterin anzustellen. Ich danke auch allen Betreuerinnen und Betreuern der Werkstatt, die mir in diesen 11 Jahren in schwierigen Momenten zugehört, mich verstanden, mich künstlerisch beraten oder mich in meinen Fähigkeiten unterstützt und gefördert haben.

Weiters danke ich meinem Therapeuten, der mich mittlerweile 13 Jahre geduldig und verständnisvoll durch Höhen, Tiefen und Engpässe hindurch begleitet und auch heute gemeinsam mit mir Wege sucht, um die Dämonen zu bannen oder in Partnergesprächen mit meinem Mann Lösungen sucht, um diesen irdischen, oft recht steinigen Weg weiter zu gehen.

Ich danke jener Frau, zu der beide Kinder seit 2004 in 14-täglichen Abständen zu therapeutisch-kreativen Sitzungen gehen und in einfühlsamen Gesprächen oder auf spielerische Weise Freude, Sorge und Leid verarbeiten können.

Ich danke allen Menschen, die mich gestärkt, begleitet oder inspiriert haben und so meinen Weg gekreuzt oder bereichert haben.

Nicht zuletzt danke ich Thomas, meinem Mann, der seit 2004 für die Kinder da ist und für sie durch Stürme und Unwegsamkeiten geht. Außerdem danke ich ihm, dass er immer wieder mein Anders-Sein akzeptiert und durch geduldiges Lesen des Manuskripts sowie dem Ergänzen fehlender Jahreszahlen zur Veröffentlichung dieses Buches beigetragen hat.

1. Kapitel: Von dunklen Dämonen bedrängt

Wenn ich an die tiefe Verbundenheit zurückdenke, die zwischen meinem Sohn Johannes und mir bestand, dann ist das Leben für mich immer wieder ein großes, mysteriöses Geheimnis. Mein Sohn wurde 1997 geboren und diese Verbundenheit, die ich mit einer Blumenwiese vergleichen möchte, dauerte etwa zwei Jahre an. In diese große, sensible und liebevolle Nähe drängte sich damals meine Krankheit, die Vision und der große Wunsch, Märchenerzählerin zu werden. Bis zum 6. Monat der Schwangerschaft hatte ich in einer anthroposophischen Klinik gearbeitet, in die mich mein ehemaliger Beruf als Krankenschwester geführt hatte.

Diese Vision kam nicht von ungefähr. Wenn ich zurückblicke, hat diese Vision ihre eigene Geschichte. Schon als Kind war ich der Märchenwelt näher als der alltäglichen Welt. Nun wollte ich diese Welt zu einem Lebenspfeiler werden lassen. Verbinden wollte ich diesen Traum mit dem Beruf der Sterbebegleiterin und Musiktherapeutin, da ich mich der reinen Seelsorge viel näher fühlte als dem Beruf der Krankenschwester.

Als Johannes etwa zwei Jahre alt war, begann dieser Wunsch durch ein Telefonat mit dem Leiter einer Märchenstiftung Realität zu werden. Ich erhielt einen Platz für ein Märchenwochenende in Lützelflüh, von dem ich in einer Zeitung gelesen hatte. Schon am ersten Tag war ich davon begeistert. Der Leiter des Seminars erzählte das Märchen der „Sieben Raben" der Brüder Grimm, das ich auch heute noch liebe. Ich erfuhr auch, dass in dieser Märchenstiftung eine Ausbildung zur Märchenerzählerin möglich war. Märchen waren und sind für mich heute noch Seelenbegleiter. Sie erzählen durch die Bilder ihrer Handlung von allen Prüfungen, Irrungen und Wirrungen, die das Leben bereit hält. Ebenso kommt die Erfüllung, wenn die Prüfungen bestanden sind.

Zurück zu Hause, in Muttenz, erzählte ich Thomas von meinem großen Wunsch, in diesem Märchenstift die Ausbildung zur Märchenerzählerin zu machen. In seinem Basler Humor sagte Thomas nur: „das brauchst Du nicht". Ich war damals nicht fähig, für mich selber zu bestimmen, dass ich diese Ausbildung auf jeden Fall machen wollte. Viel eher fühlte ich, dass durch diesen Satz eine Türe vor meiner Nase zugeschlagen wurde.

Ich muss hier bemerken, dass ich noch nie eine bodenständige Verbindung zur Erde in mir gespürt habe. Das Leben war für mich keine Selbstverständlichkeit, viel eher sehnte ich mich als Kind schon nach dem jenseitigen Leben. In der Zeit meiner Tätigkeit in den anthroposophischen Kliniken hatte ich den Boden in mir verloren und mich viel eher in der Engelswelt aufgelöst, die in der anthroposophischen Welt sehr stark thematisiert wird. Ich hing daher über einem Abgrund und klammerte mich an meinen großen Wunsch, den Märchen ganz nahe zu sein und mich mit ihnen durch die Ausbildung ganz zu verbinden. Ich kann mich noch erinnern, dass ich zu einem Seelsorger ging, von dem ich wusste, dass er eine 9-monatige Ausbildung als Sterbebegleiterin anbot. Der Seelsorger spürte im Gespräch sehr bald, dass ich mich nach dem jenseitigen Leben sehnte. Er sagte mir ganz klar, es sei ein Missbrauch, Sterbende zu begleiten, um am jenseitigen Leben zu schnuppern.

Durch den Spruch meines Mannes fühlte ich mich wie in ein Gefängnis eingesperrt. Ab diesem Moment begann in mir eine dunkle, ungesunde Kraft zu wachsen. Es war wie ein Tsunami, der als kleine unheilverheißende Welle in der Seele begann, sich schleichend vergrößerte und wie eine Riesenwelle mein ganzes Sein bedrohte und verschlang. Es war ein beängstigender und ungesunder Prozess, der mich in immer größere Einsamkeit drängte und mich den Menschen entfremdete. Ich geriet in eine dunkle Zwischenwelt. Ich war nicht mehr fähig, auf Nachbarn oder auf andere Mütter zuzugehen. Die alltäglichen Gesprächsthemen berührten mich nicht. Die Dämonen, die mich wie ein dunkler Nebel immer dichter ausfüllten und umgaben, gaukelten mir vor, mein Rückzug von den Menschen sei der einzig rechte Weg. Ich fühlte mich erlöst, nicht mehr auf die Menschen zugehen zu müssen.

Die Geburt meiner Tochter Katharina im Jahre 2000 vertiefte dieses Abgeschottetsein von den Menschen. Ich war nur noch alleine zu Hause und hatte Angst vor den dunklen Wellen, die immer wieder meine Seele ergriffen und sich als dunkle Dämonen in mir aufrichteten.

Ich kann mich auch noch erinnern, dass mich diese düstere, beängstigende Zwischenwelt dermaßen umhüllte, dass ich mir gar nicht bewusst war, dass unser Garten auch gepflegt werden musste. Das Unkraut überwucherte die Rosenstöcke und ich sah es nicht. Ich verlor das Gefühl für die Zeit, sie verschmolz in mir, verschmolz mit dem vulkanartigen Geschehen, das sich wie eine Riesenwelle in jede meiner Zellen fraß und Angst, Panik, Einsamkeit wie ein Ungeheuer in mir immer größer wurde. Es war eine schwere Psychose, die ich durchlitt, ein Orkan dunkler Kräfte, der den Kompass meiner Seele zerstörte.

Ich kann mich noch erinnern, dass eine Stimme wie eine dämonische Einflüsterung in mir wach wurde, eine Stimme, die sich einschmeichelte, meine gesunden Seelenanteile besetzte und mich immer mehr in eine Zwischenwelt, eine Scheinwelt zog. Anstatt auf meine gesunde Intuition zu hören, vertraute ich in der großen Einsamkeit immer mehr dieser befehlenden Stimme, die ich aber wie einen Gesprächspartner wahrnahm. Es war wie eine dunkle Seifenblase, die mich immer mehr einschloss und mein Bewusstsein für Zeit, und lebendigen Austausch langsam auflöste. Mit der Zeit begannen mehrere Stimmen mein Sein zu bestimmen. Sie flüsterten mir ein, mein Leben sei so schlecht gewesen, dass ich mein Leben beenden müsse, um als Engel auf der Erde weiter leben zu können. Das war doch eine willkommene Einladung für mich, sehnte ich mich doch schon als Kind nach dem Jenseits. Je größer diese dunkle Welle der Psychose wurde, um so mehr entstand ein Kampf zwischen den Stimmen und mir, die mir versprachen, mich von dieser Welt zu erlösen, wenn ich gewisse Aufgaben ausführte und sie fehlerfrei schaffte. So musste ich mit den Schneidezähnen auf die Zunge beißen und durfte die Zunge dabei nicht bewegen. Bestand ich diese oder andere Aufgaben nicht, beschimpften mich die Stimmen. Es war immer wieder ein Verhandeln, ob ich diese Welt verlassen durfte oder nicht. Ich hatte immer wieder das Gefühl, vor einer hauchdünnen Membran zu stehen, hinter der das Jenseits war. Ich hätte nur einen Schritt machen müssen, dann wäre ich erlöst gewesen. Dieser Schritt war mir aber nicht möglich und ich weinte immer wieder unendlich. Ich konnte nicht verstehen, warum ich in dieser unendlichen Einsamkeit in diesem Erdendasein ausharren musste. Ich erinnere mich noch an eine Tramfahrt, bei der alle Stimmen – ich kann nicht mehr rekonstruieren, ab wann es mehrere Stimmen waren, die mich beherrschten und wie lange dies in mir tobten – wie im Chor riefen: „Herzinfarkt – Herzinfarkt – Herzinfarkt". Ich weiß noch, dass ich mich zusammen krümmte, um diesen qualvollen, bedrohlichen Stimmen zu entgehen.

Ich kann mich noch erinnern, dass ich eines Tages zu einem Arzt in Muttenz ging und ihm erzählte, dass ich Stimmen hörte. Ich weiß nicht mehr, ob mir dieser Arzt helfen konnte.

Eines Abends befahlen mir die Stimmen, mich auf den Boden zu legen, denn mein Leben sei in wenigen Sekunden vorbei. Ich legte mich wirklich auf den Boden und wartete, dass nun der Augenblick kam, in dem ich sterben und als Engel auf Erden weiter leben würde. Doch die Stimmen entschieden sich dann doch anders und befahlen mir, heißes Badewasser in die Badewanne einlaufen zu lassen, ein Messer mitzunehmen und mir unter Wasser die Pulsadern aufzuschneiden. Sie erklärten mir, dass nun der ideale Zeitpunkt sei, mein Leben zu beenden und als Engel auf Erden weiter zu leben. Ich gehorchte, füllte die Badewanne mit heißem Wasser, setzte mich hinein und wollte mir wirklich die Pulsadern durchschneiden. Plötzlich realisierte ich mit Schrecken: „was Du da machen möchtest, ist Selbstmord." Thomas hatte erkannt, dass ich mein Leben beenden wollte und versuchte mir zuzureden, dass die Kinder mich noch ganz fest brauchten. Für mich waren diese Worte wie ein Hohn. Er wollte mich den Kindern näher bringen und ich wehrte mich gegen diese Nähe. Ich war in dem Teufelskreis gefangen und fand keine rettende Türe, die diesen Albtraum beendete. Erst die Einweisung in die Psychiatrie sollte mich retten.

2. Kapitel: Erstarrte Muttergefühle

Eine liebevolle Mutter liest ihren Kindern vor, erzählt ihnen Märchen, singt und spielt mit ihnen und tauscht sich mit anderen Müttern aus. Ich kann mich nicht erinnern, jemals mit Johannes gesungen oder gespielt zu haben. Obwohl es mein großer Wunsch war, Märchenerzählerin zu werden, las ich ihm keine Märchen vor. Es war eher ein schweigendes Einverständnis zwischen uns. Ich ging mit Johannes spazieren, nahm ihn an den Händen und führte ihn vor mir her, wir waren intuitiv miteinander verbunden. Johannes war eher auf sich selber angewiesen. Während er für sich spielte, las ich in Büchern nach, was ein Kind braucht und was eine Mutter mit ihrem Kind macht. Eigentlich fehlte das Muttergefühl in mir von Anfang an. Ich war mehr in meinen eigenen Welten. Johannes lernte selber Stiegen steigen, versuchte Schlüssel in Schlüssellöcher zu stecken, er versuchte sich im Alleingang mit der Umwelt zu verbinden und sie zu entdecken. Eine dunkle dämonische Kraft hatte die Blumenwiese, die anfangs zwischen Johannes und mir wuchs, langsam, schleichend zerstört. Aus Verbundenheit wurde Bedrängtwerden und Angst, dass die dunklen Kräfte aus meiner Seele auf die Kinder, vor allem auf Johannes übergriffen. Es war für mich grauenhaft zu spüren, dass der verzweifelte Versuch, meine Aufgabe als Mutter zu erfüllen, immer wieder und immer öfter zerbrach durch Attacken von Gewalt, denen ich immer stärker ausgeliefert war.

Ich kann mich an einen Wutanfall erinnern, in dem ich realisierte, dass ich den ganzen Tag alleine für Johannes da war. Ich nahm die Stühle, die um unseren Esstisch herum standen und schleuderte sie mit voller Gewalt zu Boden. Es war wie eine Ersatzhandlung, um meinen Zorn auf das Leben, das mir ein Kind beschert hatte, zu entladen. Johannes war im selben Raum. Er sah alles und ahmte mich nach, indem er ein Blatt Papier nahm und dieses auf den Boden warf. Meine Vorbildfunktion war destruktiv. Johannes lernte von mir nichts, was er im Leben hätte brauchen können.

Der Tsunami, diese immer größer werdende dunkle Welle, veränderte das wortlose Miteinander der ersten Zeit in Fremdheit. Mein Dasein bestand für mich immer mehr in der Angst, von der dunklen Kraft verschluckt zu werden und dem Bewusstsein, dass die Kinder mir den Platz wegnahmen, den ich eigentlich für mich brauchte. Niemand war da, der diese Negativspirale durchbrechen konnte und sich zwischen die dunkle Kraft und mich stellte. Vor allem bei den Kontrollterminen beim Kinderarzt wurde sehr deutlich, dass ich mit Johannes weder sprach noch spielte. Musste er kleine Tätigkeiten machen, die seinem Alter entsprechend waren, war er dazu nicht fähig. Dann fiel es mir jedes Mal wie Schuppen von den Augen. Ich war Mutter und es wäre meine Aufgabe gewesen, Johannes zu fördern, Kinderbücher mit ihm zu lesen, mit ihm zu spielen und den Tag auf gesunde Weise zu gestalten. Während die Kinderärztin Johannes auf die Fähigkeiten seines Alters testete, erschrak ich und mir wurde bewusst, dass dort, wo eine Mutter-Kind-Beziehung sein sollte, Leere war, dass die Dämonen meine Seele im Griff hatten und ich mich von der Negativspirale der Einsamkeit, Angst und dem Bedrängt-sein als Mutter immer mehr in einen ungesunden, lebensfeindlichen Bereich hinunter ziehen ließ. Ich war diesem Teufelskreis immer mehr ausgeliefert. Sie umgab mich wie eine dunkle Seifenblase. Mir wurde dies aber erst dann bewusst, wenn ich unter Menschen war und beobachtete, wie andere Mütter mit ihren Kindern umgingen.

War Thomas am Abend oder an den Wochenenden zu Hause, so bildete er in diesen Momenten ein Gegengewicht. Ich war in diesen Augenblicken froh, dass jemand um mich herum war, auch wenn ich gar nicht mit Thomas über die Dämonen, die das Leben für mich und die Kinder zur Hölle werden ließen, sprechen konnte. Hier muss ich betonen, dass Thomas sich immer schon Kinder gewünscht hatte. Ich kann mich noch an einen Abend erinnern, als ich versuchte, diese riesige Last der Dunkelheit und die Gewalt die dadurch auf die Kinder überging, Thomas zu erzählen und unter Tränen gestand. Er konnte dies gar nicht glauben. Wenn ich nachts wach lag und mir bewusst wurde, was ich den Kindern zufügte, dann lag diese grauenhafte Last auf mir und erstickte mich beinahe. Die Tatsache, dass ich Mutter war, für die Kinder aber nicht in positiver Weise da sein konnte, bedrückte mich, als hätte eine Lawine mich mit ihrer Schneelast zugedeckt.

Ich ging mit den Kindern in einsamen Wäldern spazieren und realisierte gar nicht, wie ich mich mehr und mehr vom alltäglichen Leben entfernte, in dem es eigentlich dazu gehörte, dass sich Mütter austauschen und die Kinder miteinander spielen. Ein grauenhafter Albtraum begann mich einzuhüllen. Auf dem Weg in die Wälder ging ich immer über eine Brücke. Unter dieser Brücke war eine Autobahn und die Gleise des Bahnhofs von Muttenz. Wenn ich mit Johannes über die Brücke ging und Katharina im Kinderwagen schob, bedrängten mich die düsteren Stimmen immer wieder, doch die Kinder über die Brücke auf die Autobahn zu werfen, um sie los zu werden und endlich mein eigenes Leben für mich leben zu können. Dies geschah jeden Tag. Ich musste mich extrem gegen den Sog wehren, der von diesen Befehlen ausging. Ich krampfte mich zusammen und konzentrierte mich auf jeden Schritt, den ich machte. Ich hielt ein unsichtbares Schild den Dämonen entgegen, aber sie drangen wie kalter Rauch in jede Zelle meines Körpers. Im Wald hatte ich das Gefühl, dass die dunklen Geister mich schon erwarteten. Ich versuchte mich zu schützen, indem ich positive Gedanken in mir wach werden ließ. Aber dann versiegte dieser positive Strom der Gedanken doch und die Dämonen ergriffen mich mit ihren Klauen und drängten mich, mit einem Stock auf Johannes einzuschlagen, der schützend seine Arme hob und weinend rief „Mami nit schlo – Johannes weh". Als ich realisierte, dass die dunkle zerstörerische Macht aus mir selber heraus kam, weinte ich verzweifelt und wusste keinen Weg, aus diesem düsteren Kreis auszubrechen.

Zwischendurch gelang es mir, meine Verzweiflung und die dämonischen Attacken in Worte zu formen und ich schrieb „Gedichte an das Licht" oder „Gedichte in der Dunkelheit". Dieser Balanceakt von heller und dunkler Kraft kippte ohne Vorbereitung und entlud sich wie unsichtbare Lava.
Das Bewusstsein, auf dieser Erde und in der Rolle als Mutter eingesperrt zu sein, war nun jeden Augenblick in

meiner Seele als Last, die mir keine ruhige Nacht mehr gönnte. Ich ging zu Bett mit der Angst und dem Grauen vor der dunklen Übermacht, die mich unheilvoll bedrohte. Ich hatte Angst vor dem nächsten Morgen – ich fand keine Erholung mehr im Schlaf.

Es ist für mich ein Rätsel, wie ich es schaffte, meinen Kindern etwas zu kochen, für sie da zu sein. Manchmal schob sich der dunkle Vorhang, der mich vom realen Leben trennte, zurück und ich realisierte, dass es Mittagszeit war. Es gab Augenblicke, da saß ich mit Johannes am Klavier und spielte mit ihm eine Melodie. Auf einmal fing es in mir an zu brodeln, wie in einem Vulkan. Die Nähe meines Sohnes wurde für mich im Bruchteil einer Sekunde zur Bedrängnis und eine dunkle Welle kam über mich und ich stieß meinen Sohn von mir. Mein Mann bekam von diesen dämonischen Attacken gar nichts mit. Ich kann mich aber erinnern, dass Johannes, sobald Thomas nach Hause kam, zu ihm rannte und ihn Schutz suchend umarmte. Thomas fragte mich dann: „Ist irgendetwas geschehen?" In diesen Augenblicken fand ich keine Worte, um das Grauen zu definieren, das sich in mir zuspitzte.

Thomas drängte auf das zweite Kind, aber für mich war schon die Vorstellung zu viel, in dieser schwierigen Situation von zwei Kindern umgeben zu sein. Als ich einmal bei einem Spaziergang im Quartier eine ehemalige Arbeitskollegin antraf und wir auf meine Schwangerschaft zu sprechen kamen, sagte sie mir: "Du musst Dich schon freuen". Genau das war für mich der entscheidende Punkt. Von einer Mutter wurde erwartet, dass sie sich über das zweite Kind freute, das unter ihrem Herzen heran wuchs. Für mich war es in dieser Zeit meines Lebens eine unglaubliche Last, als Mutter ein zweites Kind zu erwarten und zu spüren, dass ich dieser Aufgabe niemals gerecht werden würde.

Ich kann mich noch an die Zeit erinnern, als Katharina – sie wurde im Jahr 2000 geboren – so klein war, dass ich sie in der Nacht in meinem Bett stillte. In einer Nacht warf ich sie gegen die Wand, da mich ihre Anwesenheit dermaßen bedrängt. Meine Sehnsucht nach Befreiung in das Jenseits nahm immer wieder enorme Ausmaße an. So suchte ich Hilfe in den Schriften von Rudolf Steiner, da ich wusste, dass er den Weg beschrieben hatte, den ein Mensch erlebte, wenn er gestorben war. Ich erhoffte mir Ratschläge, Rituale, hilfreiche Bilder, die ich als Schutz in mir tragen konnte. Was ich aber las, war die Beschreibung von Menschen, die durch Selbstmord aus dem Leben getreten waren. So öffneten mir diese Schriften Tür und Tor und der Sog in die jenseitige Welt wurde so groß, dass ich nur noch weinte – aus Verzweiflung, keinen Halt, keinen Boden mehr in dieser Welt zu spüren. Wenn Thomas mit seinen Verwandten telefonierte, konnten diese gar nicht verstehen, warum ich weinte. Ich wollte ins Jenseits, war aber in meinen Körper und in die Aufgabe als Mutter eingesperrt und spürte diesen unglaublichen Sog hinüber. Von einer zweifachen Mutter wurde doch erwartet, dass sie über ihre beiden Kinder glücklich war. Ich hatte das Gefühl, Außenstehende würden meine verzweifelte Lage nicht verstehen und so versuchte ich erst gar nicht, den Austausch zu suchen. Wenn ich Katharina am Tag wickelte, konnte es sein, dass ich mich mit aller Kraft zwang, sie liebevoll einzucremen, doch innerhalb einer Sekunde fühlte ich, wie die dunkle Kraft sich zusammenballte. Ich riss Katharina mit der Wickelunterlage vom Wickeltisch und erschrak jedes Mal aufs Neue über die brachiale Gewalt, die von den Dämonen ausging.

Die Nachbarn gaben mir durch ihre beinahe ängstlichen Blicke zu verstehen, dass ich ihnen nicht ganz geheuer war. Sie wussten nicht, was sie mit mir anfangen sollten. Sie gingen mir aus dem Weg. Neben meiner Unfähigkeit, auf die Menschen zuzugehen gab es auch das andere Extrem – ich buk für die Nachbarn Brot. Es war wie ein verzweifeltes Ringen, dem Leben auf positive Weise zu begegnen. Diese Lebenskraft, die in manchen Momenten aufflackerte, zerbrach dann und ich fühlte mich wieder in der Steinwüste.

Ich hatte damals weder einen Therapeuten, noch Medikamente, noch Gleichgesinnte. Es ist beinahe ein Wunder, dass meine Kinder noch am Leben sind. In manchen klaren Augenblicken las ich zwischendurch Märchen, sowie Biografien von Künstlerpersönlichkeiten. Dies waren für mich Gleichgesinnte, obwohl ich mit ihnen sicher nicht sprach wie mit Menschen. Vielleicht gaben mir die Märchen kurzfristig Trost. Da mir die Stimmen aber immer wieder verboten, über sie zu erzählen, versuchte ich erst gar nicht, mit jemandem über die dämonischen Attacken zu sprechen.

So litt ich unglaublich an meinem Unvermögen, eine glückliche, liebevolle Mutter zu sein, vermisste schmerzlich den fehlenden Austausch mit anderen Müttern und fühlte mich eingesperrt in meiner unendlichen Einsamkeit.

Ich glaube und hoffe, dass Thomas mit seiner Leichtigkeit, Bodenständigkeit und seinem Humor den Kindern Fürsorge und Zuwendung und Sicherheit geben konnte. So sehr sein ironisch-sarkastischer Humor kränkend sein konnte, so war ich doch froh, dass ein menschliches Wesen zwischen den Dämonen und mir war und die dunklen Kräfte bannte. Diese Momente waren ein Segen für die Kinder. Ich kann mich erinnern, dass wir am Wochenende gemeinsame Radtouren machten und Johannes auf einem einem Rad saß, das an das Velo von Thomas angehängt wurde. So konnte er treten und wurde mitgezogen.

Die Zeit war für mich jedoch verklebt, wenn ich alleine war. Sie verging unglaublich langsam. Es war grauenhaft, in dem düsteren Zustand gefangen zu sein und sich immer mehr in diese schattenhafte, geisterhafte Welt zu verstricken.

Wenn ich heute an diese Zeit denke, dann frage ich mich immer wieder, warum das Leben mir zwei Kinder anvertraute, wenn es doch wusste, was mit mir geschah, wenn es doch wusste, dass ich nicht fähig war, ihnen Geborgenheit zu geben. Ich vertraue darauf, die Zusammenhänge im Lebensfilm zu erkennen, der – so meine Überzeugung durch die vielen Bücher von Elisabeth Kübler-Ross – nach dem Tod jedem Menschen zeigt, warum das Leben genau auf diese Weise ablief. Bis dahin muss ich versuchen, so gut es geht der Intuition zu vertrauen und mich an die Zeichen der Lebenskraft zu halten.

3. Kapitel: Medikamente vertreiben die Dämonen

Ich kann mich noch erinnern, dass ich in Muttenz zu einem Arzt ging und diesem von meinen Stimmen erzählte. Dieses Gespräch kam mir damals so unwirklich vor. Es war ein intuitiver Entschluss. Eines Tages, es war im Jahre 2002, lag ich auf dem Boden und die Stimmen riefen in mir wieder „Herzinfarkt, Herzinfarkt" und verkündeten mir, mein Leben sei nun in wenigen Sekunden vorbei. Laut Thomas war ich es, die darauf drängte, dass ich in die Psychiatrie eingewiesen werden müsste. Ich kann mich an diesen Augenblick nicht mehr erinnern. Der Arzt in Muttenz schrieb die Einweisung – so wurde ich als Notfall in die Psychiatrie gebracht.

Als ich dem Notfallarzt gegenüber saß, flüsterten die Stimmen mir noch ein, meine Gedichte, die ich meiner Schwester zum Geburtstag geschickt hatte, wären dämonischen Inhalts und hätten sie getötet. Ich glaubte alles und war erfüllt von Panik, da diese grausame Dunkelheit aus mir heraus strömte und auch meine Gedichte, die für mich immer noch aus meiner Intuition strömten, anscheinend erfüllt waren von dämonischen Kräften. Ich erzählte dies alles dem Notfallarzt und die Stimmen in mir jubelten, dass ich dies bekannt hatte.

Thomas war immer der Ansicht gewesen, meine Psychose sei erst ausgebrochen, als ich in die Psychiatrie eingeliefert wurde. Für mich war seine Überzeugung schleierhaft. Er konnte nicht verstehen, dass lange Zeit davor schon ein Orkan von dämonischen Kräften in mir tobte. Wieso aber hätte er das wissen können, da ich ihm nie erzählte, was in mir vorging. Ich lebte in meiner eigenen Welt und schrieb diese viel eher frei, als dass ich sie erzählt hätte. Der Tsunami, der unglaublich lange als immer größere Welle in mir getobt hatte, riss Vertrauen, Glauben an das Gute, Lebenskraft mit sich und ließ mich fast als Zombie leblos am Strand liegen.

Ich erinnere mich noch schattenhaft, dass die dämonischen Stimmen mir jenen Arzt auf dem Weg in die Psychiatrie beschrieben, der mich als Notfallpatientin in Empfang nahm. Es war gespenstisch, denn die Beschreibung passte wirklich auf den diensthabenden Arzt.

Ich erinnere mich noch, dass ich nach der ersten oder zweiten Woche in der Psychiatrie aus dieser geschlossenen Station fliehen wollte, als Thomas mich mit den Kindern einmal besuchen kam. Katharina war im Kinderwagen. Ich legte alle meine Sachen auf den Kinderwagen, ohne darauf Rücksicht zu nehmen, dass Katharina darin lag und wollte schnellstens die Station verlassen. Thomas wollte mich zurück halten und sagte einer Schwester, dass ich auf dem Wege sei zu gehen. Natürlich wurden wir von dieser Schwester aufgehalten. Ich wurde in mein Patientenzimmer gebracht – ich war wieder gefangen und musste mich fügen. Thomas musste sich um die Kinder kümmern während ich noch in der Psychiatrie war. Sie lagen in ihrer Entwicklung weit zurück. Die Besuche von Thomas und den Kindern am Wochenende in der Psychiatrie waren für mich wie eine große Bedrängnis. Die Kinder klammerten sich an mich und ich konnte nichts mit ihnen anfangen.

Da Thomas 100 Prozent arbeitete, musste er einen Ort finden, an dem die Kinder betreut wurden. Zuerst brachte er sie zu seinen Eltern. Dort waren sie etwa drei Wochen. Da die Eltern von Thomas aber schon über 80 Jahre alt waren, war für Thomas klar, dass es eine andere Lösung geben musste. Durch seine erste Frau erfuhr Thomas von einer Familie in Nuglar, die Kinder bei sich aufnahm. Dort blieben sie zwei Monate. Das Ehepaar kümmerte sich liebevoll um beide Kinder. Sie waren die ganze Woche dort, Thomas holte sie immer am Wochenende ab. Er hatte immer das Gefühl, an den beiden Tagen des Wochenendes eigentlich keine wirkliche Beziehung zu den Kindern zu haben. Die Familie hatte viel Arbeit, denn vor allem Johannes lag weit in seiner Entwicklung zurück.

Die Medikamente, die ich in der Psychiatrie anfangs erhielt, nahmen mir jede Beweglichkeit. Ich fühlte mich gefangen in einem bewegungslosen Körper. Die kleinste Bewegung meiner Arme empfand ich, als kämpfte ich gegen einen ungeheuren Widerstand. Offensichtlich wurde meine körperliche Erstarrung bemerkt, denn die Medikamente wurden umgestellt. Dadurch fiel die Erstarrung von mir und ich konnte mich wieder freier bewegen.
Ich arbeitete dann in einem Atelier, das im Untergeschoss der Psychiatrie war, aber ich war nicht fähig, Kontakt mit der Umgebung aufzunehmen. Ich beschäftigte mich mit Ton, lernte Körbe flechten und arbeitete mit Speckstein. In dem Stockwerk, in dem ich auf einer geschlossenen Station lag, gab es auch eine Tischtennisplatte. Eines Abends zog es mich dort hin. In meinem

Elternhaus hatten wir auch einen Tischtennistisch und ich spielte regelmäßig. Dies machte mir Freude und mir wurde von den Pflegern Wochen später berichtet, dass ich durch diese mir bekannte Tätigkeit endlich wieder lächelte.

Es gab während der Zeit, in denen ich in der Psychiatrie war, mehrere Wochenenden, in denen ich versuchsweise in Muttenz bei Thomas und den Kindern sein konnte. Bei einem dieser Besuche rief meine Schwester an, der ich meine Gedichte geschickt hatte und über die mir die dämonischen Stimmen aus meiner Psychose eingeflüstert hatten, meine Gedichte hätten sie umgebracht. Mir fiel es wie Schuppen von den Augen, als ich erkannte, in was für einer düsteren Seifenblase ich lange Zeit von Stimmen umgeben gelitten hatte. Meine Schwester lebte! Noch heute ist es für mich ungeheuerlich, wie ein Mensch innerhalb einer Psychose dunkle Gedanken in sich eindringen lässt und hilflos dagegen ist. An einem der Wochenenden kauften Thomas und ich gemeinsam Kindersitze, in denen die Kinder im Auto sicher angebunden mitfahren konnten. Die Pflegefamilie in Nuglar hatte dies angeordnet. Solche Unternehmungen waren für Thomas und mich wie ein kleiner Schritt zu einer Annäherung.

In so manchem Gespräch mit meinem Arzt in der Psychiatrie kam das Thema immer wieder auf die Tatsache, dass ich eigentlich nie daran gedacht hatte, Kinder in die Welt zu setzen. Irgendwie konnte ich mir nicht vorstellen, dass sie nicht einfach mit „Hokuspokus" weg zu zaubern waren. Das sagte auch mein Arzt in der

Psychiatrie: „Die Kinder können wir nicht wegzaubern, die sind jetzt einfach da". Es war grotesk und traurig. Thomas sagt heute – viele Jahre danach – dass er sich nie hat vorstellen können, dass ich jemals wieder eine Beziehung zu den Kindern und zu ihm als Ehemann werde aufbauen können. Offensichtlich hatte eine gute Kraft ihre Hände im Spiel. Das Schwierigste an der damaligen Situation war sicher, dass wir nicht miteinander reden konnten. Thomas kannte die Welt nicht, in der ich lebte und ich konnte meine Welt nicht so in Worte fassen, dass er sie verstand. Gegen Ende des Psychiatrieaufenthalts versuchte eine Sozialarbeiterin mit mir gemeinsam heraus zu finden, welche Tätigkeit für mich nach meinem Austritt möglich wäre. Sie kam zu dem Schluss, dass sie sich für mich nichts anderes als das Fließband vorstellen könnte. Damals nickte ich dazu, ohne einen Kommentar abzugeben. Ich war noch weit davon entfernt, mein Wesen zu spüren oder einem zukünftigen Leben entgegen zu treten.

Für mich gab es noch keine Zukunft, viel eher hätte ich mir gewünscht, dass eine Türe in das Jenseits aufgehen würde. Leider gab es diese nicht.

Nach der Psychiatrie kam ich in die Tagesklinik Münchenstein, in der ich anderthalb Jahre blieb. Ich selber hatte keine Motivation, das Leben wieder zu ergreifen. Der Eintritt in die Tagesklinik wurde für mich organisiert. Ich stand dem Leben beinahe teilnahmslos gegenüber. Mein begleitender Arzt in der Psychiatrie meinte eines Tages, nun hätten die Betreuer der Station alles für mich organisiert, jetzt sollte ich mich bei einem externen Psychiater melden, der mich zukünftig begleiten sollte.

Ich kann mich noch erinnern, dass ich mir dieses Telefonat gar nicht zutraute. Ich fühlte mich wie gegen eine Wand gepresst. Ich musste diesen Schritt in einen neuen Lebensraum selber machen. Ich telefonierte mit meinem zukünftigen Therapeuten und ließ mir den Weg erklären. Ich fühlte mich wie ein kleines Kind, das nackt und hilflos den nächsten machen muss.

Die Tagesklinik hat eine umgebende Mauer, die sie von der vorbeiführenden Straße abgrenzt. Ich kann mich noch erinnern, dass ich nach der ersten Woche geflohen bin. Ich meinte, diesen Ort nicht zu brauchen. Ich war mir damals nicht bewusst, wie weit ich davon entfernt war, dem Leben zu begegnen. Nach einem Telefonat, das ich am selben Abend mit meinem externen Psychiater führte, spürte ich die Dringlichkeit dieses Ortes. Ich rief die Betreuerin der Tagesklinik, die mit mir das erste Gespräch geführt hatte, noch an. Sie riet mir, am Montag in die Tagesklinik zu gehen und mein Gespräch mit ihr zu erzählen. So fand ich dann doch den Weg an diesen wichtigen Ort. Ich musste mich auch an diesem Ort meiner Dunkelheit stellen. Beim Wieder-Eintritt am Montag versuchte ich die Tatsache, dass das nun mein Weg sein sollte, in eine unsichtbare gute Hand zu legen. Ich konnte mir eigentlich gar nicht vorstellen, wie Leben für mich außerhalb dieser Mauern möglich sein könnte, deshalb blieb ich eineinhalb Jahre, eine unglaublich lange Zeit. Ich war unter der Woche von 9 bis 16 Uhr dort – dieser Ort gab mir Struktur, ich hatte kreative Angebote wie Gartenarbeit, Gesprächsgruppe, Musik, Zeichnen, Meditationsgruppe und Mitarbeit in der Küche. Ich begann wieder Klavier und Geige zu spielen. Diese Instrumente hatte ich schon in der Kindheit erlernt. So begann ich mich langsam wieder für meine Mitmenschen und die Umgebung zu öffnen.

Etwa gleichzeitig mit meinem Eintritt in die Tagesklinik bot sich für die Kinder die Lösung des Tagesheimes an. Dies war für Thomas eine unglaubliche Erleichterung, denn es musste eine klare Lösung gefunden werden. Es war am Morgen meine Aufgabe, die Kinder in das Tagesheim zu bringen, bevor ich in die Tagesklinik ging. Das Tagesheim war sozusagen Ersatz für meine Unfähigkeit Mutter zu sein. Wie hätte ich auch für die Kinder da sein können? Ich brauchte meinen eigenen Raum, musste diesen schützen und brauchte einen Ort, der mir Struktur gab. Wenn ich die Kinder ins Tagesheim brachte, war ich mir eigentlich nie bewusst, dass ich ihre Mutter war. Wie eine Fremde ließ ich sie stehen. Eine von den Betreuern bat mich, meine Kinder doch an den Tisch zu führen, an dem sie sich hinsetzen sollten. Es war für mich so, als könnte ich mit meinem Platz auf dieser Erde nichts anfangen. Am schlimmsten war es für mich, wenn ich andere Mütter beobachtete, wie engagiert sie auftraten, wie fröhlich und aufgestellt sie waren. Da wurde mir oft erst bewusst, wie weit ich von einer warmen Mutterbeziehung entfernt war. Am Anfang, als ich Katharina auf ihre Abteilung im Heim brachte, weinte sie jeden Morgen. Vielleicht spürte sie die Dunkelheit, in der ich mich befand, oder vielleicht spürte sie auch, dass sie in mir kein Mami hatte – dass ich diese Mami auch gar nicht sein konnte. Zwischen meiner Aufgabe als Mutter und den Kindern sowie der Welt an sich lag eine meterdicke Wand.

Mit meinem Eintritt in die Tagesklinik wurde ich an einen anthroposophisch orientierten Arzt verwiesen, der mich heute noch begleitet. Neben meinen Einzelgesprächen hatten wir auch Paargespräche. Meine Beziehung zu meinen Kindern war damals gar nicht wirklich vorhanden. Trotzdem begleitete ich die Kinder manchmal zum Kinderarzt, wenn dies nötig war. Durch meine Medikamente, die ich seit der Psychiatrie-Zeit regelmäßig einnahm, stieg mein Gewicht immer wieder an, sodass es aussah, als sei ich schwanger. Der Kinderarzt bemerkte dies und sprach mich darauf an. Ich glaube, ich erzählte ihm damals kurz von meiner Psychose und den Medikamenten, deren Nebenwirkung Gewichtszunahme war. Ich erinnere mich noch an einen Satz, den er zu mir sagte: „Noch ein Kind dürfen Sie nicht bekommen, sonst laufen Sie davon!"

Wenn die Kinder am Morgen vor der Fahrt in das Tagesheim ein Stück Zopf mit Butter wollten, war schon das für mich Bedrohung. Thomas kam dann den Wünschen nach und kümmerte sich immer wieder um sie – er konnte einfach nicht verstehen, dass eine Mutter die Bitten ihrer Kinder einfach überging. Ich glaube, es war für mich einfach zu viel – meine eigene Dunkelheit ertragen zu müssen, das Sein auf der Erde aushalten zu müssen und noch zwei Kinder zu haben, die ihrerseits auch noch Bitten an mich hatten.

Schon in der ersten Zeit, da ich in der Tagesklinik war, hatte ich wöchentliche Sitzungen mit meinem Therapeuten. Damals arbeitete er noch im Areal des Bruderholzspitals, in einem Gebäude, in dem die Externen psychiatrischen Dienste einquartiert waren. Ich musste meinen Platz in der Welt finden. Immer wieder ging es um das Ringen, am Leben sein zu müssen. Im letzten Teil der Psychose war ich so weit vom Lebendig-Sein auf der Erde entfernt, dass ich mein Wesen, meine Träume, meine Ressourcen und Fähigkeiten in unglaublich mühsamem Kampf wieder spüren und entdecken musste. Mein Therapeut versuchte mir in unendlicher Geduld immer wieder vor Augen zu halten, dass mein Einsatz für die Kinder, so klein er für mich auch aussah, großen Wert hatte. Ebenso war es für mich eine große Herausforderung, mich in meinem Körper lebendig zu fühlen, denn ich stand damals wie ein Geist außerhalb von mir. Ich lebte in diesem Körper, aber ich fühlte mich apathisch. Noch war ich in mir erstarrt.

Ich erinnere mich noch an einen Nachmittag, an dem ich mit einer Betreuerin im Garten arbeitete. Ich glitt langsam in ein Gefühl von Todessehnsucht hinein und konnte mich nicht mehr halten. Ich löste mich quasi innerlich in Rauch auf und hatte große Angst, wie von einem unsichtbaren Sog erfasst zu werden und in die Dunkelheit gezogen zu werden. Ich erhielt die Möglichkeit, mit dem leitenden Arzt der Tagesklinik zu sprechen und dieser verwies mich sofort an die Psychiatrie nach Liestal. Die Betreuerin, die mit mir im Garten gearbeitet hatte, fuhr mit mir zuerst nach Muttenz, um die wichtigsten Sachen für einen Klinikaufenthalt mit zu nehmen. In der Klinik realisierte ich, dass ich, wenn ich wirklich aufgenommen werden würde, Thomas mit den Kindern allein lassen würde. So entschied ich mich mit aller Kraft, doch nicht eingeliefert zu werden. Die diensthabende Ärztin sprach mit mir. Ich machte ihr klar, dass ich dieses Leben nicht leben wollte und zwei Kinder hatte, die meinen Lebensraum unglaublich eingrenzten und eigentlich auf Wunsch meines Mannes da waren. Es war kein Muttergefühl da. Ich war in die Negativspirale abgedriftet, die ins Bodenlose reichte . Ich erinnere mich noch an den Satz der Ärztin: „Selbstmord ist keine Lösung". Sie bat mich, ihr meine Hand zu geben und ihr zu versprechen, dass ich mein Leben nicht beenden werde. Sie ließ mich wieder gehen. Wieder in der Tagesklinik begrüßte mich der Arzt mit den Worten: „Sie Künstlerin, Sie" und lachte dabei. Er war mir nicht böse, dass ich meine Meinung geändert hatte. Er schlug mir aber vor, eine Antidepressiva-Therapie zu beginnen. Ich erinnere mich noch, dass diese Ärztin Monate später in der Tagesklinik war. Als sie mich sah, schenkte sie mir ein warmes Lächeln und nickte mir zu. Ich hatte ihr Versprechen gehalten.

Wenn ich die Kinder in das Tagesheim gebracht hatte und wieder alleine am Esstisch in Muttenz saß und abwartete, bis ich in die Tagesklinik gehen konnte, hatte ich das Gefühl, dass die Zeit wie Honig zusammen klebte. Ich hatte das Gefühl, in ein Leben geschmissen worden zu sein und dieses Leben musste ich jetzt aushalten, ich war der Zeit, die vor mir lag, ausgeliefert. Ich saß da und starrte auf den Sekundenzeiger und saß die Zeit ab – gefangen im Augenblick, bewegungslos und beinahe gelähmt im Sein. Das Leben um mich herum war für mich leer. Diese Leere bedrängte mich. Ich brauchte die Menschen und die nonverbale Kommunikation mit den kreativen Angeboten in der Tagesklinik um mich herum.

Wir hatten die Möglichkeit zu malen, zu musizieren. Es gab ein Kochteam, das für das Mittagessen zuständig war in auch alles einkaufte. Am Anfang fühlte ich mich wie in einer düsteren Wolke, ich musste aus meiner eigenen Dunkelheit wieder in das Leben treten. In dieser langen Zeit, in der ich wieder lernte, auf Menschen zuzugehen und die positive Kraft der Kreativität spüren lernte, gab es für mich immer wieder Gelegenheiten, wo ich zur Geige griff oder andere musizierende Mitpatienten am Klavier begleitete. Diese beiden Instrumente hatte ich schon von Kindesbeinen an gelernt. So kam wieder Leben in meine Seele und eine positive Atmosphäre umgab mich. Eine Ärztin, die erfahren hatte, dass ich musikalisch war, bot mir an, in ein Orchester zu kommen. Sie war hoch erfreut, als ich ihr sagte, dass ich Geige und Bratsche spielte. Ich selber war höchst erstaunt, dass jemand sich für meine Talente und Begabungen interessierte. Vor allem aber wunderte es mich, dass sich das Leben in Form dieser Ärztin mir zuwandte.

Wir spielten auch Theater und probten eine moderne Version von Aschenputtel ein, in der ich die Hauptrolle spielen durfte. Ich weiß nicht mehr genau wann ich mein erstes Buch mit Gedichten aus der schwierigen Zeit meiner Psychose, aber auch selbst geschriebene Märchen und Kurzgeschichten veröffentlichte. Ich kann mich erinnern, dass ich das frisch veröffentlichte Buch in die Tagesklinik mitnahm und ein Gedicht daraus vorlas. Durch das positive Feedback eines Betreuers merkte ich, dass ich in meinen Gedichten fähig war, die Seelenbewegungen der Menschen darzustellen. Ich sah diese Bewegungen in meinem Herzen als Bilder und brachte diese zu Papier.

Bei einer Therapiesitzung zeigte ich meinem Therapeuten den Plan der Aktivitäten, die in der Tagesklinik angeboten wurden. Da war auch Kochen angeführt. Mein Therapeut motivierte mich, doch auch bei der Kochgruppe mitzuhelfen. Ich übernahm nach kurzer Bedenkzeit kleinere Aufgaben wie Salat waschen oder Gemüse schneiden.

Ich lernte durch die klare Struktur, das Theater und die gemeinsame Musik wieder, meiner Intuition zu trauen und bewusst auf die Menschen zuzugehen. Ich entdeckte sozusagen einen gesunden Kern in mir, an den ich gar nicht mehr geglaubt hatte. Ich erinnere mich an einen Mitpatienten, der auf seiner Querflöte spielte und so sehr gerührt war, seine Lieblingsmelodie darauf spielen zu können, dass er regelmäßig in Tränen ausbrach. Da wir gemeinsam spielten, nahm ich ihn jedes Mal in meinen Arm und tröstete ihn. Solche Augenblicke waren für mich nonverbale Geschenke.

Es gab in der Zeit der Tagesklinik auch eine negative Begleiterscheinung. Ich musste täglich Medikamente nehmen, diese hatten als Nebenwirkung Gewichtszunahme. Davon wusste ich aber eine ganze Weile nichts. Ich merkte, dass ich immer wieder den Drang hatte, etwas essen zu müssen. Schlimm war das in der Weihnachtszeit oder Osterzeit, wenn Schokolade auf den Tischen stand. Ich aß Schokoladekugeln und hatte diese Hungerattacken immer wieder. Da ich noch kein bewusstes Körpergefühl hatte, fiel mir gar nicht auf, dass mein Gewicht immer mehr zunahm. Da auch Schwimmen zu den Aktivitäten der Tagesklinik gehörte, merkte ich dann doch auch, dass sich mein Bauch immer mehr vorwölbte. Lange Zeit ließ ich es geschehen, doch eines Tages sprach ich einen Betreuer darauf an, dass ich merkte, zugenommen zu haben. Da erwiderte er, dass dies alle Betreuer schon gemerkt hatten und sich schon gefragt hatten, ob ich schwanger sei. Dieser klare Austausch ermutigte mich, meinem Therapeuten davon zu erzählen. Ich hatte in einer Therapie-Sitzung den Beipackzettel eines Medikaments dabei und er las die Nebenwirkungen durch und erklärte mir, dass eines der Nebenwirkungen Hungergefühl sei. Ich fiel aus alles Wolken. Ich hatte eine richtige Wut auf die Chemie, die ich nehmen musste und die so heimtückische Begleiterscheinungen hatte. Mein Therapeut half mir, indem der mir Tipps für Ernährung aus einem Fachbuch heraus kopierte und mir weitere Ratschläge mitteilte. Noch heute halte ich mich an diese Ratschläge wie rohe Karotten bei Hungerattacken oder Früchte statt Schokolade zwischendurch zu essen. Ich bin meinem Therapeuten noch heute für diese Tipps dankbar.

Da ich 1,5 Jahre in der Tagesklinik blieb, fielen in diese Zeit natürlich auch Ferien. Ich kann mich noch erinnern, dass wir einmal mit dem Flugzeug an unseren Zielort kamen. Zurück wieder in der Tagesklinik wurde ich vom leitenden Arzt gefragt, wie die Ferien gewesen seien. Meine Antwort war: „Leider ist das Flugzeug nicht abgestürzt." Immer wieder drang die Todessehnsucht durch und das grausame Gefühl, auf dieser Erde sein zu müssen.

4. Kapitel: Auf Umwegen zu einer rettenden Lösung

Obwohl ich mir nicht vorstellen konnte, jemals die Tagesklinik zu verlassen, kam dann doch der Zeitpunkt, da ich zur Wiedereingliederungsphase in das Bürgerspital Basel eingeladen wurde. Nach der Psychiatrie-Zeit sollte ein erkrankter Mensch auf seine Leistungsfähigkeit getestet werden. Als wir den Tag errechneten, an dem ich die Tagesklinik verlassen sollten, waren es noch etwa zwei Monate, die mir blieben, um mich auf den neuen Abschnitt vorzubereiten. Ich wäre von mir aus nie auf den Gedanken gekommen, dass ich diesen Ort eines Tages verlassen musste. Er war für mich wie eine familiäre Oase. Die Tagesklinik war aber nur eine Zwischenstation für mich. Diese Zeit bis zu meinem Abschied gestaltete sich als kurios. Die Menschen, die mich in dieser Klinik eigentlich begleiten sollten, hatten den Stichtag meines Austritts vergessen. Dies war meiner Meinung aber meine große Chance. Ich warf in Gedanken eine Angelrute aus. Dies war für mich ein Symbol für die Hoffnung, für das Vertrauen, dass die gute Lebenskraft mich durch diese Zeit hindurch begleitete. In mir erwachte ein Selbsterhaltungstrieb. Ich war auf mich alleine gestellt, und mir wurde bewusst, dass ich zwei Möglichkeiten hatte – entweder ich verzweifelte, da ich nicht wusste, was auf mich zu kam und mich allein gelassen fühlte oder ich versuchte zu spüren, was ich in den neuen Abschnitt mitnehmen wollte und was mir Kraft gab. Ich entschied mich für die zweite Möglichkeit. Ich begann ganz bewusst auf die Menschen in der Tagesklinik zuzugehen. Ich glaube, dass diese Zeit des Überganges für mich sehr wichtig war. Mein Vertrauen in die gute Kraft gab mir selber Kraft.

Zwischen meinem Austritt aus der Tagesklinik und dem Eintritt in das Bürgerspital lag ein Wochenende. Am 16.1.2004 begann die Wiedereingliederungsphase, sie dauerte insgesamt drei Monate. Der Psychologe, der mich am Montag im Bürgerspital begrüßte, bot mir in einem Erstgespräch mehrere Arbeitsbereiche an, in denen meine Leistungsfähigkeit, Neigungen und Fähigkeiten getestet werden sollten. So würde deutlich werden, wo meine Stärken lagen und wie ich den Weg ins Arbeitsleben wieder antreten könnte. Den Anfang bildete die Elementare Leistungsabklärung. Nach einer kreativen Einstiegsphase in dieser Abteilung musste ich mehrere Arbeiten auf Zeit erledigen. Ich kann mich noch an mathematische Testaufgaben erinnern, bei denen ich miserabel abschnitt. Bei mir lagen die Stärken ganz klar in der deutschen Sprache, dem erkennen der richtigen Artikel, der Wortkombination. So war nun „bewiesen" – wie es ein Psychologe sagte – dass ich im Erfassen und Schreiben der deutschen Sprache meine Stärke hätte.

Nach dieser ersten Etappe, die etwa zwei Wochen dauerte, kam ich in die Gärtnerei. Dies war eine der Abteilungen, für die ich mich im Erstgespräch mit dem Psychologen entschieden hatte. Ich hatte die Gartenarbeit in der Tagesklinik noch in guter Erinnerung, wo ich in aller Ruhe in Zweisamkeit mit der Natur sein konnte. In der ersten Zeit arbeitete ich in einer kleineren Gruppe, in der neben kleineren floristischen Arbeiten am Rande auch das Wissen über Blumen und Gräser getestet und erweitert wurde.

Die weiteren vier Wochen verbrachte ich in einem anderen Bereich der Gärtnerei, in dem Advents-Gestecke gebastelt wurden, da die Weihnachtszeit nahe war. So waren wir umgeben von Christbaumkugeln und Weihnachtsdekoration sowie duftenden Zweigen. Ich fühlte mich wohl, berührte dieses Thema der Kerzen ja meine Todessehnsucht. Die Leiterin dieser Gruppe sagte mir schon immer wieder, dass diese Arbeit an Gestecken, diese kreative Tätigkeit nur ganz am Rande gemacht würde. Im Vordergrund stand ansonsten Eintopfen von Pflanzen, pikieren von Samen sowie andere Arbeiten mit Erde und Blumentöpfen. Ich hörte die Aussage der Leiterin, aber ich realisierte sie nicht.

Durch diese kreative Arbeit der Vorweihnachtszeit stieg meine Stimmung, ich fühlte mich wohl. Ich fühlte mich zu Hause. Am Ende dieser Schnupperzeit sagte ich, ich hätte mich entschlossen, nach dem Ende der Wiedereingliederungs-Phase in der Gärtnerei arbeiten zu wollen.

Den letzten Teil der Wiedereingliederungs-Phase verbrachte ich in der Textilwerkstatt, in der gewoben, gestrickt und im Hintergrund Binden gewickelt wurden. Dort lernte ich zum ersten Mal das Arbeiten an einem Webstuhl kennen. Mit einem Pendel, das an einer Halterung befestigt war, wurde das Schiffchen, in dem der Webfaden eingespannt war, von rechts nach links durch die Kettfäden geschossen, die von hinten nach vorne auf dem Webstuhl aufgespannt waren. Mit den Füssen bediente ich die Pedale, die die Kettfäden hob und senkte, sodass ein zusammenhängendes Gewebe entstand. Es war ein Erlebnis, denn ich fühlte mich ein wenig wie auf einer Orgel. Ich durfte auch selber entscheiden, welche

Farben ich wählen wollte und so konnte ich Kontrast-
farben kombinieren und war fasziniert von der Wirkung
der Farben auf die Stimmung. Neben dem Arbeiten am
Webstuhl wickelte ich auch Binden. Als ich in dieser tex-
tilen Werkstatt arbeitete, begann ich es zu bereuen, dass
ich mich schon so klar für die Gärtnerei entschieden
hatte. Ich hatte aber nicht den Mut, dies in einem Gespräch mit zu teilen.

Mein Arbeitsbeginn in der Gärtnerei nach der Wiedereingliederungs-Phase war für mich ganz anders als die
Schnupperzeit, als meine Neigungen heraus gefunden
werden sollten. Ich realisierte nicht, dass ich mir beinahe
mein eigenes Grab schaufelte. Da bei meinem Wieder-
kommen in die Gärtnerei keine Adventsgestecke mehr
gemacht wurden, sah im mich mit monotoner Erde ohne Farben, ohne innere Wärme der Freude an Christbaumkugeln, ohne den Geruch nach duftenden
Tannenzweigen konfrontiert. Ich glaube, diese Enttäuschung, dieses Fehlen von Farben und

Gerüchen stand nur zu gut in meiner Mimik zu lesen.
Meine Motivation war stark zurückgegangen. Der Humor, der durch die Arbeit in der Schnupperzeit in mir
aufgekommen war, war weg. Ich war gefangen im Leben,
in mir war kein Leben, ich konnte mit dem Leben nichts
anfangen. Ich ließ mich irgendwie weiter treiben. In
manchem Teilgespräch wurde beschlossen, ich sollte immer wieder die pikierten Samen beobachten, wie die
Pflanze sich durch die Erde zum Licht hin arbeitete.
Dieses Beobachten der Pflanzen konnte mich für einen
Augenblick aus meiner Enttäuschung und Schwermut

reißen. Ich versuchte mir immer wieder einzureden, dass diese Arbeit auch spannende Augenblicke bereithielt. Ich versuchte mich zu fügen und litt immer wieder unglaublich.

Auf Rat des Psychologen, der mich in der Wiedereingliederungs-Phase begleitet hatte, wurde eine Schnupperlehre in einer nahe gelegenen Gärtnerei beschlossen. Diese sollte eine Woche dauern. Ich durchlief die Arbeitsschritte einer Großgärtnerei und fühlte mich zunehmend überfordert und unwohl. Ich hörte zwar die Aufträge der Arbeiten, die ich erledigen sollte, ich sah die Arbeit, die andere verrichteten, aber das ganze stand eigentlich neben mir. Mir fehlte der Bezug zur Welt, Mir fehlte das Verständnis für die Arbeitsabläufe, die sich vor meinen Augen abspielten. Eigentlich fehlte mir auch das Bewusstsein für die einzelnen Arbeitsschritte, wie sie eigentlich gemacht werden sollten. Das war natürlich auch von Außen zu spüren. Am vierten Tag erhielt ich von einem Vorgesetzten einen Auftrag. Ich weiß nicht einmal mehr, was dieser Auftrag gewesen wäre. Ich sah nur noch eine lange Anzahl von Blumentöpfen, die ich hätte einpflanzen sollen. In mir klingelte eine Alarmglocke, ich geriet in Panik. Ich sah den Vorgesetzten an, verstand nicht was er sagte und spürte nur, dass ich diese Atmosphäre und diesen Ort nicht mehr aushielt, dass er mich krank machte, dass ich fliehen musste, um meine Seele zu retten. Der Vorgesetzte sah mich auf eine Weise an, als würde er sich denken: „Die hat wohl nicht mehr alle Tassen im Schrank!"

Am Ende der Woche gab es kein Abschlusskommentar zu der Schnupperwoche. Der Psychologe und der Vorgesetzte der Gärtnerei sagten mir, die Zeit sei zu kurz, um eine Beurteilung abzugeben. Im Nachhinein erfuhr ich, dass der Vorgesetzte der Gärtnerei klar zu verstehen gegeben hatte : „Die ist ja so" (er machte eine eindeutige Bewegung für einen, der nicht ganz bei Trost ist), „so jemanden können wir nicht brauchen." Es gab auch kein Gespräch mit dem Psychologen, ich wurde zurück in die Gärtnerei des Bürgerspitals geschickt, um dort meine Arbeit weiter zu verrichten. Die Leiterin der Gärtnerei, die bei dem Schlusskommentar nach der Schnupperlehre nicht dabei gewesen war, war erstaunt, als ich ihr erzählte, dass am Ende der Schnupperlehre kein Gespräch statt gefunden hatte. Sie konnte mir nur sagen, dass ich viel zu langsam gewesen sei.

Es gab in den nächsten Tagen noch eine Begegnung mit jenem Psychologen, in der er mich dermaßen abwertend und abweisend behandelte und mein Unvermögen, mich mit der Welt zu konfrontieren mit Füssen trat. Die Kreativwerkstatt als möglicher Arbeitsort wurde nur mit dem Satz behandelt: „Dort werden Sie ja nur depressiv, weil nichts weiter geht." Als ich beteuerte, wie wichtig für mich eine kreative Arbeit sei, sagte er nur: „Da müssen Sie selber schauen, wie Sie zu so was kommen, mir ist das egal." Diese kalten, gleichgültigen Aussagen führten dazu, dass ich in die Garderobe floh und mich ein Weinkrampf packte. Ich war an der Grenze des Möglichen angelangt. Der Mensch (der Psychologe), der für mich zuständig war, gab mir zu verstehen, dass er gar kein Interesse an meiner Person hatte, in diesem Augenblick fühlte ich mich wie Abfall.

Ich hatte der Leiterin das entwertende Gespräch mit dem Psychologen erzählt, worauf sie ihn zur Rede stellte. Sie war richtig enttäuscht von ihm als Person und von der Kälte, mit der er mich behandelt hatte. Ich tat ihr einfach leid. Nun wurde eine Krisenlösung gesucht.

Ich muss hier bemerken, dass sich jener Psychologe bei mir entschuldigte, nachdem ihn die Leiterin der Gärtnerei zur Rede gestellt hatte. Er hatte begriffen, dass er zu weit gegangen war. Aber zuerst war mein Weinkrampf in der Garderobe notwendig gewesen – ansonsten hätte niemand etwas unternommen.

Er hatte bewirkt, dass die Räder ins Rollen kamen. Ich hatte natürlich meinen Therapeuten angerufen und ihm meine Hilflosigkeit erzählt. Er konnte nicht verstehen, wieso ein Psychologe ohne erkennbaren Grund so unmenschlich reagieren konnte. Ich wurde in die Kreativwerkstatt geschickt. Noch heute ist diese Werkstatt für Menschen offen, die in einer Krisenzeit sind, um sich neu zu orientieren. Zuerst wurden mir alle Räume gezeigt, dann erhielt ich die Möglichkeit für eine zweiwöchige Schnupperzeit. Der erste Tag dieser Schnupperzeit war erst in zwei Wochen, bis zu diesem Tag wurde ich krankgeschrieben. Natürlich meldete ich der Leiterin der Gärtnerei, dass mich mein Therapeut krankgeschrieben hatte. Sie konnte meine Situation verstehen, so verließ ich die Gärtnerei und verbrachte die verbleibenden zwei Wochen in Muttenz.

Als Thomas erfuhr, dass die Gärtnerei als Ausbildungs- und Arbeitsort doch nicht in Frage kam, konnte er dies nicht verstehen. Er stand ungläubig vor mir. Er kannte die Welt nicht, die ich durchlebte und kannte auch die

Dämonen nicht, von denen ich täglich heimgesucht wurde. Ich versuchte immer wieder, ihm zu erklären, was in mir vorging, weswegen ich Schwierigkeiten in der Gärtnerei gehabt habe, aber zwischen uns stand eine unsichtbare Trennwand. Zu dieser Zeit wusste er schon, dass ich ausziehen würde und so wäre die Gärtnerei doch eine Grundlage gewesen, um alleine eine Wohnung finanzieren zu können. In dieser Zeit sprach Thomas einen Satz aus, der alle Vorurteile auf einmal zeigt: „Mit Dir kann man ja nicht reden, Du bist ja krank". Ich muss hier klar anmerken, dass einem Menschen eine psychische Erkrankung von außen oft nicht angesehen wird. Körperlich Behinderte haben da beinahe „Glück". Auf den ersten Blick ist ihr Handicap sichtbar. Bei mir war es anders. Von außen gesehen war ich ein gesunder Mensch, aber meine Seele war zerrissen, ich stand ständig an der Kippe einer existentiellen Lebensangst. Kam die Welt zu schnell auf mich zu, so fühlte ich mich überrollt und in mir entstand ein Kurzschluss, der in extreme Todessehnsucht und Lebensangst mündete. Und das alles einem Menschen erzählen oder erklären wollen, der gar keine Ahnung von diesen unsichtbaren Seelenwelten hat. Deshalb war es völlig unmöglich, dass wir auch nur annähernd die „gleiche Sprache" sprachen.

Ich erlebte die ersten Tage der Schnupperzeit, als sei ich im Paradies. Es war eine ruhige Atmosphäre, denn einige waren im Urlaub. Es für mich einfach wunderbar. Ich konnte tun was mir gut tat, ich konnte die Tätigkeiten, die ich tat in der Zeit machen, die ich brauchte. Mir wurde allerdings am Anfang gleich gesagt, ich müsse selbständig arbeiten, anscheinend waren keine zusätzlichen Betreuer da, mich zu begleiten. Diese Selbstverantwortung war aber meine große Chance. Ich willigte ein, Ich ließ mich vom Augenblick, von meiner Intuition leiten. Ich war ganz bei mir, ich wurde aber auch auf mich selber zurück geworfen. In der Schnupperzeit fing ich ziemlich bald an, mir alles von der Seele zu schreiben. Ich versuchte die Welten zu spüren, versuchte das zu tun, was mir der Augenblick vor die Augen legte. Der Leiter der Werkstatt kam immer wieder zu mir und fragte mich, ob es mir gut gehe. Ich glaube, es irritierte ihn, dass ich einfach schweigend da saß, mich gar nicht meldete. Es war für mich eine Erleichterung, nicht kontrolliert zu werden, nicht aufgefordert zu werden, doch bitte schneller zu arbeiten oder mir mehr Mühe zu geben. Ich durfte einfach sein. Ich nahm an verschiedenen Aktivitäten teil wie Kerzen ziehen, arbeitete mit Ton, schöpfte Papier. Ich bezog einen Mitarbeiter in das Schöpfen von Papier mit ein. Er fiel mir auf durch sein humorvolles, ruhiges Wesen, obwohl er nicht wirklich mit mir sprechen konnte. Die Atmosphäre, die er ausstrahlte, tat mir aber gut. Daneben improvisierte ich mit verschiedenen Schichten von Wachskreiden, in die ich dann Ornamente einritzte. Nach der Schnupperzeit wurde ich gefragt, ob ich mir vorstellen könne, hier zu arbeiten. Auch wurde mir klar vor Augen geführt, dass normalerweise mehr Menschen hier arbeiten würden und es nicht so ruhig wäre wie in den zwei Wochen, die ich jetzt erlebt hatte. Ich spürte in diesem Moment die Dringlichkeit dieses Ortes, es war für mich wie eine schützende Oase und ich hatte damals keine anderen Möglichkeiten, wo ich sein konnte und mich aufgehoben fühlte. Diese persönliche und sehr realistische Selbstwahrnehmung war nur in diesem Augenblick so klar in mir. Dann versank ich wieder in meinen eigenen Welten.

Nach diesen zwei Wochen gab es ein Gespräch mit der Leiterin der Gärtnerei, dem Psychologen, meinem Therapeuten und einem Vertreter der IV-Stelle. Der Leiter der Werkstatt hatte mich gebeten, für dieses große Gespräch heraus zu arbeiten, was mich damals motivierte, in der Gärtnerei zu beginnen und was schließlich meine Motivation war, in der Kreativwerkstatt zu bleiben, Ich schaffte es, meine negativen Erfahrungen der Schnupperlehre und die beglückende kurze Zeit in der Kreativwerkstatt in klaren Wortes zu erzählen. Ich kann mich erinnern, dass mein Therapeut in sehr eindrücklichen Worten schilderte, dass mein Bezug zum Leben auf der Erde sehr, sehr brüchig war und dass dieser Ort, der aus der Produktion heraus genommen war, der einzige war, an dem ich in der Ruhe, die ich damals brauchte, sein konnte. Die eindrücklichen Worte aller Anwesenden, die mich in dieser Zeit erlebt hatten machten es möglich, dass die Vertreter der IV-Stelle einverstanden waren, dass ein geschützter Arbeitsplatz in der Kreativwerkstatt die einzige Lösung sei. Außerdem setzte er sich nach meiner Schnupperzeit in der Kreativwerkstatt tatkräftig dafür ein, dass ich einen geschützten Arbeitsplatz erhielt. Der Psychologe erzählte ehrlich, wie er mich durch seine Bemerkung „wenn Sie kreativ sein wollen, müssen Sie schon selber schauen, wie Sie dazu kommen" an die Wand gestellt hatte. Er meinte auch, es sei eindrücklich, wie wenig ich aushielt.

Am 1.5. 2004 begann ich offiziell in der Kreativwerkstatt zu arbeiten und hatte von 8 Uhr bis 15 Uhr dort meine

Struktur. Ich weiß nicht mehr, wann ich in der Werkstatt anfing, Klavier zu spielen. Da stand in einer kleinen Kammer dieses Instrument. Ich holte meine Klaviernoten und spielte mich frei. Irgendwann begann ich, jeden Morgen Klavier zu spielen – ein Ritual, das ich auch heute noch in der Werkstatt durchziehe.

Ich hatte im Alter von sieben Jahren das Klavierspiel gelernt und spielte nun in dieser Werkstatt klassische Werke von verschiedenen Komponisten. Für mich war Klavier spielen nichts Neues, allerdings war die bewusste Art und Weise, wie ich es tat, neu. Es war der Beginn des Tages, niemand verwehrte es mir, es gab mir Trost, verströmte Kraft. Immer wieder fiel es Betreuern auf, dass es mir besser ging, wenn ich vom Klavierspiel wieder aufstand. Ich spürte, dass mir das tägliche Sein in der Werkstatt lebensnotwendige Struktur und Halt gab. Ich hatte aber auch Gleichgesinnte, die meine Welt verstanden.Einige Wochen nach meinem Beginn in der Kreativwerkstatt spürte ich, dass die Zeit von 15 Uhr, dem Ende meiner Arbeitszeit bis zum Zeitpunkt des Schlafengehens unglaublich lang war. In einem Gespräch mit meiner Bezugsperson fanden wir als Lösung die Möglichkeit, dass ich bis um 17 Uhr arbeiten könne. Wenn ich aber spürte, dass mir das zu viel war, konnte ich auch schon um 16 Uhr die Arbeit in der Kreativwerkstatt beenden.

Damals lebte ich zwei Fronten, die nicht verschiedener sein konnten. Da war mein Therapeut, der mich unglaublich feinfühlig begleitete und mir immer wieder zu erklären versuchte dass in meiner Situation andere Gesetze galten und der Ort, an dem ich nun war, ein guter

Ort war. Die Kreativwerkstatt als neuer Arbeitsort war Teil dieser einen Front. Ich wurde verstanden, fühlte mich auch verstanden und hatte immer wieder die Möglichkeit für ein Gespräch, wenn mich die Dämonen zu heftig bekämpften. Die Kreativwerkstatt war meine Rettung. Ich habe diese Tatsache damals eigentlich gar nicht wirklich realisiert. Mein Therapeut hat mir diese Worte nach vielen Jahren einmal gesagt.

Die andere Front war Thomas, der damals nicht verstehen konnte, was eigentlich los war. Wieso kam die Gärtnerei nicht in Frage, warum war ich krank geschrieben worden, wieso wollte ich ausziehen. Ich war für ihn wie ein Buch mit sieben Siegeln. Es gab keine Sprache zwischen uns, es gab nur einen tiefen Abgrund und der andere Kontinent lag wie im Nebel.

5. Kapitel: Die Trennung von meiner Familie

Ich weiß nicht mehr, wann mein Wunsch, mich von meiner Familie zu trennen, in mir aufkeimte. Ich glaube, ganz leise war er schon in der Zeit der Psychose vorhanden, als die Einsamkeit und die Verzweiflung immer größer wurden. Ich spürte einfach, dass ich immer weniger Kraft zu leben hatte, dass ich etwas von mir den Kindern geben musste – aber dann war keine Energie mehr für mich selber da. Ich hatte Panik, dass die dunkle dämonische Energie aus meinem Inneren auf die Kinder übergehen würde. Die Angst vor einem Dämon, der aus dem eigenen Inneren kommt – das ist das Schrecklichste, was sich ein Mensch vorstellen kann. Ich konnte Thomas auch nicht darauf vorbereiten. Ich sprach natürlich darüber, dass ich mich trennen wollte. Ich weiß noch, dass Thomas immer wieder sagte „Wir müssen zusammen bleiben". Dieser Satz wirkte auf mich so, als würde ich in einen Käfig gesperrt werden. Er sah natürlich, dass ich Taschen und Koffer packte, aber er realisierte es erst mit aller Wucht als ich wirklich auszog. Da er nicht wusste, was mit mir eigentlich los war, war es doppelt schwierig – für uns beide und auch für die Kinder. Ich weiß nicht mehr, wann ich meinem Therapeuten sagte, dass ich mich von meiner Familie trennen wollte. In der nächsten Stunde nach meiner Offenbarung fragte ich meinen Therapeuten, was er wohl meine, was ich ihm gesagt hätte, wenn er sich meinem Entschluss in den Weg gestellt hätte. Er gab mir die richtige Antwort – ich wäre einfach nicht mehr zu ihm gekommen. Mein Therapeut sprach mir immer wieder Mut zu. Er wusste dass die Trennung von meiner Familie für mich ein wichtiger Schritt war.

Zwei Wochen vor meiner Trennung von Mann und Kindern traf sich Thomas mit seiner Familie in einem Gasthaus zum Hochzeitstag der Eltern. Eigentlich wollte Thomas von meinem bevorstehenden Wegzug von Muttenz erzählen. Doch dann wurde ihm klar, dass niemand verstehen konnte, wie sich eine Mutter von ihren Kindern trennen kann.

Eine Woche vor meinem Auszug aus Muttenz ging Thomas mit den Kindern in einem Wald spazieren und erklärte ihnen, dass ich mich entschlossen habe, alleine zu wohnen. Die Antwort von Johannes war: „Blöde Mami". Ich glaube, Katharina war damals noch zu klein, um ihre Meinung dazu zu sagen.
Ein paar Tage vor meinem Wegzug von Muttenz überließ ich die Sorge um die Kinder größtenteils Thomas. So wollte ich ihn darauf vorbereiten, wie es ist, wenn er alleine für die Kinder zuständig ist. Ich konnte ihm mein Verhalten, meinen stummen Abstand von den mütterlichen Aufgaben nicht erklären – er hätte es überhaupt nicht verstanden. Natürlich war mein Verhalten Thomas nicht entgangen. Er war fassungslos darüber, aber auch er sprach dies nicht aus. Eines Tages – Thomas hatte für beide Kinder neue Gummistiefel gekauft – sagte er zu mir: „Du wirst sehen, dass die Strafe dafür, dass Du Dich nicht um die Kinder kümmerst, auf Dich zurück kommen wird – und sei dies nach Deinem Tod". Die damalige Zeit war für uns alle unglaublich belastend und schwierig.

Mehrere Wochen nach meiner Trennung fand Thomas den Mut, diese unbegreifliche Nachricht seiner Familie mitteilen. Die Reaktion seiner Familie war verständnislos. Heute, viele Jahre danach, können wir darüber sprechen. Manches was geschehen ist, habe ich vergessen, manches ist für Thomas in Vergessenheit geraten. Thomas hatte damals eine wahnsinnige Wut auf mich. Eigentlich ist dies nicht verwunderlich. Eine Mutter verlässt ihre Kinder und den Mann – scheinbar ohne erkennbaren Grund. Damals wusste Thomas noch nicht, dass meine Diagnose Schizophrenie war. Ich konnte ihm damals auch nicht erklären, dass ich mich von den Kindern zu deren Schutz trennte, um ihnen nichts anzutun und mich selber zu retten.

Ich floh, weil mein Lebensraum eingeengt wurde, weil ich keine Atemluft mehr hatte, weil ich meinen Bereich schützen musste, bevor er sich auflöste. Erst als die Diagnose „Schizophrenie" ausgesprochen wurde, kam Klarheit in das mysteriöse Geschehen. Leider wurde die Diagnose seitens des Psychiaters viel zu spät ausgesprochen. Thomas erzählt heute von seiner Angehörigen-Gruppe, dass es eigentlich normal sei, dass Psychiater die Diagnosen der Patienten viel zu spät oder gar nicht aussprechen. Er fand aber mit der Zeit Lösungen, denn er schickte sich in die schwierige Situation. Mit der Zeit fand er Wege, um improvisierend die Situation zu meistern. So kaufte er nach dem Arbeiten im Coop an der Schifflände noch etwas für das Abendessen ein, bevor er ins Tagi ging, um die Kinder ab zu holen. Es liegt auf der Hand, dass Thomas eine große Wut auf mich hatte. Natürlich musste Thomas schauen, dass unsere Kinder für die Schule alles parat hatten, etwa den Turnsack, die Tramkarte, neue Kleidung, die gekauft werden musste.

Neben dem Arbeiten musste Thomas auch noch schauen, dass beide Kinder die Aufgaben gemacht hatten.

Drei Wochen nach meinem Wegzug von Muttenz war Muttertag. Johannes war damals im Kindergarten. Er musste mit den anderen Kindern ein Lied singen, dass die Mutter nie ein Kind alleine lässt und immer für dieses da ist, immer alles sucht, was es verloren hat. Nach dem Ende des Liedes kam Johannes zu mir und sagte: „Gäll Mami, Papi het gseit, Du gosch allei ga wohne". Ich glaube, dieser Augenblick war für Johannes grauenhaft. Mir schnürt es das Herz zusammen, wenn ich daran zurück denke.

Drei Monate nachdem ich weg gezogen war, kam Johannes in die Kleinklasse der Primarschule. Er stotterte damals schon. Es war ein Initialstottern. Das waren unglaubliche Schwierigkeiten, ein Wort oder einen Satz, den er aussprechen wollte, wirklich auszusprechen. Er verhing sich minutenlang auf der ersten Silbe. Dazu krümmte er sich zusammen, bis es ihm endlich gelang, das Wort oder den Satz auszusprechen. Die diese Sprachschwierigkeit natürlich aufgefallen war, schlug man deshalb als Behandlungsform Kinesiologie vor. Nach wenigen Therapiestunden schlug die Kinesiologin Thomas außerdem vor, er solle mit Johannes eine Familienaufstellung machen. In dieser Aufstellung übernehmen fremde Menschen die Rollen der Familienangehörigen jenes Menschen, der ein Problem hat. Thomas erklärte sich damit einverstanden. Für Johannes war diese Aufstellung sicher gut. Am ersten Tag der Aufstellung wurde die Familiensituation eines jeden dargestellt, der Probleme hatte. Am zweiten Tag war Johannes bei der Aufstellung dabei. Seine Aufgabe war es, die Bürde, die er durch meine Erkrankung zu tragen hatte, symbolisch mit einem großen Stein vor jener Person abzulegen, die meine Rolle spielte. Für Thomas selber war es eher fragwürdig. Die Leiterin drängte ihn dazu, doch eine neue Frau zu finden und sich von mir zu trennen. Als Thomas offen sagte, dies sei für ihn kein Thema, sagte die Leiterin der Familienaufstellung: „Dann mach es zu Deinem Thema." Eigentlich sprach sie in der Familienaufstellung so, als würde ich gar nicht mehr existieren. Für Thomas war es Schicksal, dass er diesen Weg gewählt hatte, er stand dazu. Diese Aussage, die kein Ratschlag war, sondern beinahe schon als Befehl zu Thomas gesagt wurde, bewirkte, dass er eine Lungenentzündung bekam.

Viele Jahre später wurde Johannes wegen seinem Initial Stottern abgeklärt. Dabei erzählte er, dass mein Wegzug von Muttenz für ihn ein Schock war. Johannes war überzeugt, dass dieses Erlebnis Grund für sein Stottern war.

Mehrere Jahre nach meinem Wegzug erzählte mir Thomas zwei Ereignisse, die aufzeigen, was mein Wegzug aus der gemeinsamen Wohnung in Muttenz für die Kinder bedeutete. Bei beiden Erlebnissen war Thomas mit den Kindern im Auto unterwegs. Bei beiden Malen musste Thomas etwas holen, sei es einen Parkschein oder er musste etwas zahlen. Beide Male entfernte er sich, und die Kinder hatten nicht verstanden, dass er nur schnell etwas machen musste und gleich wieder da sei. Die Kinder sahen ihren Papi nicht mehr. Als Thomas wieder zum Auto zurückkam, saßen beide Kinder weinend im Auto. Sie hatten gedacht, jetzt sei ihr Papi auch weggegangen. Wenn ich diese Erlebnisse niederschreibe, schnürt es mir das Herz zusammen, aber ich kann es nicht mehr rückgängig machen, was geschehen ist. Ich kann die Gefühle von Schuld nur an eine höhere Kraft abgeben.

Thomas erzählte mir einmal, er sei eigentlich froh darüber gewesen, dass ich ausgezogen sei, denn meine Anwesenheit sei immer mit einer großen Unruhe verbunden gewesen. Andererseits war es für Thomas ein unglaublicher Schock, als ich plötzlich wirklich nicht mehr in Muttenz anwesend war. Thomas musste nun für alles sorgen, war verantwortlich für Kinder, Haushalt und arbeitete dazu noch 100 Prozent. Wenn wir über diese schwierige Zeit sprechen, sagt er immer wieder, dass er keine Zeit hatte zu überlegen, ob er das alles schafft und dafür fähig ist. Er musste die Verantwortung übernehmen, es gab keine andere Lösung. Thomas sagt immer wieder, dass das Schwierigste von allem das Organisieren war. Wer sorgte für die Kinder, wenn er am Montag Abend in den Chor ging, was brauchten die Kinder, was mussten sie für die Schule haben? Ich glaube, dass Thomas, der immer Kinder haben wollte und nun auf groteske Weise ins kalte Wasser springen musste und für zwei Kinder alles geben musste, von einer höheren Macht begleitet wurde, die im Vertrauen und Intuition schenkte. Wenn Thomas am Abend beim Chor oder beim Kartenspiel bei Freunden war und jemanden brauchte, der die Kinder betreute und ins Bett brachte, rief er beim Roten Kreuz an. Es kamen oft Teenager, die ihr Taschengeld aufbessern wollten.

Etwa vier Monate nach meinem Auszug ging Thomas mit den Kindern zum Kinderarzt. Es war jener Arzt, der mich vor einem dritten Kind gewarnt hatte. Als er hörte, ich sei ausgezogen, fand er dies ungeheuerlich. Er war nicht der einzige Mensch, der meine Entscheidung der Trennung missbilligte. Da mein Therapeut mir gesagt hatte, in meiner Situation – mit meiner Erkrankung – gelten andere Gesetze, war es für mich unglaublich schwierig, Meinungen zu hören, die so jener meines Therapeuten widersprachen. Ich saß dann nicht nur zwischen den Stühlen, es nahm mir auch den Boden weg. Und trotzdem hatte ich mich getrennt – ich konnte meinen Entschluss in diesem Augenblick nicht so erklären, dass er verstanden worden wäre.

Ich brauchte meinen eigenen Raum. Ich musste wieder atmen können. Um aber meine eigene Wohnung haben zu können, mussten wir uns gerichtlich trennen lassen. Das groteske an der Situation war, dass laut Gerichtsentscheid Thomas mir monatlich Alimente zahlen musste – obwohl ja ich mich von im getrennt hatte und er wie ein Ochs vor dem Berg stand. Als der Richter fragte, wie oft ich denn ein Besuchsrecht haben wolle, sagte ich nach kurzem Zögern – alle 14 Tage. Der Richter fragte mich nach meiner Entscheidung – „Sind Sie erschöpft?" Bis zu diesem Zeitpunkt hatte ich diese Tatsache nie gesehen. Ich war unendlich erschöpft, von der Psychose, von der langen Einsamkeit.

Thomas konnte diese Entscheidung – ein Besuchsrecht alle 14 Tage – nicht verstehen, denn eine Mutter kümmert sich doch um ihre Kinder. Diese konnten es auch nicht verstehen, warum ihr Mami nur jeden zweiten Sonntag kam. Für Thomas war es schwer, mich so anzunehmen, wie ich bin, denn er hatte mich vor dem Ausbruch der Psychose schon ganz anders erlebt – als einen humorvollen, lebensbejahenden Mensch.

Der Wegzug von Muttenz bestand nicht nur darin, eine eigene Wohnung zu nehmen. Ich brauchte auch etwas wie eine finanzielle Sicherheit. Thomas wollte, dass ich mein eigenes Konto hatte und bestand darauf, dass ich von ihm keinen Rappen Geld erhalten würde. Er war wohl extrem wütend auf mich und schockiert, dass ich nun wirklich meinen Weg alleine weiter ging. Als wir vor der Bank standen, erlebte ich einen existentiellen Augenblick. Ich Angst hatte, zu wenig Geld zu haben, um die Miete meiner Wohnung und daneben noch Lebensmittel zu kaufen. Thomas war außerdem überzeugt, dass ich mit meinen finanziellen Mitteln niemals leben konnte. So sagte ich ihm im Augenblick der Not: „Wenn Du mir kein Geld gibst, sehen mich die Kinder nie wieder". Es war Erpressung, was ich da sagte. Schlimm war vor allem, dass wir uns nicht klar austauschen konnten, dass wir aus verschiedenen Welten mit einander sprachen, die sich gegenseitig nicht kannten, sich nicht begegneten, keine Worte fanden – ja sich wie zwei negative oder zwei positive Pole abstießen.

Bei einem unserer gemeinsamen Paar-Therapiegespräche sagte ich Thomas, da er gewaltige Wut gegen mich empfand: „Wenn Du die Kinder gegen mich aufhetzt, sehen sie mich nie wieder". Es war eine grauenhafte Zeit, durch die wir beiden hindurch gingen.

Thomas wurde sich bewusst, dass er nicht 100 Prozent arbeiten und am Abend neben der Sorge für die Kinder auch noch den Haushalt machen konnte. Eine Bekannte gab Thomas den Tipp, doch die Spitex zu organisieren, damit ein mal pro Woche der Haushalt gemacht würde. Dabei erfuhr er, dass diese nur bei Betreuungsauftrag nach Hause kam.

So veranlasste Thomas im Juni 2004, dass die Kinder von der Spitex am Mittwochnachmittag – dem schulfreien Nachmittag – vom Tagesheim abgeholt wurden. Der Hintergedanke dabei war, dass der Haushalt gemacht wurde und gleichzeitig jemand zu Haus bei den Kindern war. Am Anfang ging dies recht gut, nach ein paar Monaten allerdings fiel Thomas auf, dass der Haushalt zum Teil nicht geputzt worden war. Es stellte sich heraus, dass die Putzhilfe von der Spitex viel mehr mit den Kindern spielte, als sich um den Haushalt zu kümmern. Das nützte Thomas natürlich nichts. Er musste so nach seinem Arbeitstag die anfallenden Aufräum- und Putzarbeiten selber machen. Sagte Thomas erklärte der Spitex, dass er eigentlich froh wäre, wenn der Haushalt am Mittwochnachmittag wirklich gemacht werden würde. Daraufhin erhielt er von der Chefin des Spitex den Rat, doch eine Putzfrau zu engagieren. Ab nun kam jeden Montag vormittags eine ausländische Putzfrau, die als sehr fleißig bekannt war. Diese übernahm es, den Haushalt zu reinigen und blieb all die Jahre bis zu meinem Wieder-Einzug in Muttenz. Ab dem Zeitpunkt, als die ausländische Putzfrau jeden Mittwoch- Vormittag kam, um den Haushalt zu putzen, blieben die Kinder im Tagi und hatten dort jemanden, der mit ihnen spielte.

Thomas versuchte, das Beste aus dieser schwierigen Situation zu machen. Er war ein humorvoller, bodenständiger Mensch und er war für die Kinder da. Er sagte mir immer wieder, es sei für ihn ganz im Vordergrund, dass die Kinder alles hätten, was sie brauchten. Sich selber stellte er in den Hintergrund. Das Schicksal warf ihm diese Herausforderung vor die Füße – und Thomas nahm sie an und kämpfte sich mit aller Kraft hindurch. Thomas erzählte immer wieder, dass die Kinder mit ihm wie eine eingeschworene Gemeinschaft waren. Thomas war mit seinem Humor und seiner Bodenständigkeit trotz aller Stürme immer für die sie da.

Thomas erzählte unmittelbar nach meinem Auszug seinem anthroposophischen Hausarzt von meinem Auszug und von der schwierigen Zeit, durch die er nun als alleinerziehender Vater hindurch ging. Thomas fragte bei diesem Gespräch auch, was er für sich selber tun konnte. Sein Hausarzt gab ihm ein stärkendes Mittel und Thomas nutzte mehrere Sitzungen, um die Aufgabe, die das Leben ihm vor die Füße geworfen hatte, bewältigen zu können. Die Aufgabe, jeden Tag neben dem Arbeiten für die Kinder da zu sein, brauchte doch enorme Energie und er war froh, bei den Arztbesuchen ein offenes Ohr zu finden.

Ich erinnere mich noch an einen sehr berührenden Moment, als ich einmal von einem meiner ersten Kurzbesuche in Muttenz auf dem Heimweg war und mir bewusst war, dass ich überhaupt nicht wusste, wie sich die Dinge entwickeln würden. Es lag ein großes Fragezeichen vor mir. Intuitiv legte ich ganz bewusst die Entwicklung der

Dinge in eine höhere Hand. Zudem bat ich die Lebenskraft, sie möge den Kindern Menschen schenken, die ihnen die Dinge geben konnten, die ich nicht zu geben vermochte. Ich erinnere mich auch, dass ich immer wieder mein inneres Gleichgewicht zu finden versuchte, in dem ich eine Bilanz der Dinge, die geschahen, machte. Ich versuchte in dieser schwierigen Zeit alles Positive zusammen zu zählen und gab mir so Vertrauen in die Zeit, in das Leben – wenn auch nur für diesen Augenblick. Da ich vor allem in der letzten Phase meiner Psychose eigentlich schon mit beiden Beinen im Jenseits war und das Leben in meinem Körper als Qual, als Gefängnis erlebte, plante ich immer wieder kleine Erlebnisse wie Kinobesuche, ein gutes Buch, einen Eisbecher, ein Stück Kuchen mit Schlagrahm und Cappuccino. So versuchte ich mich weiter zu hangeln. So konnte ich mich immer wieder auf etwas freuen und hatte in mir das positive Gefühl der Vorfreude.

6. Kapitel: Langsamer Weg zu neuem Leben

Die ersten Besuche in Muttenz waren noch recht harzig, ich bestand darauf, die Kinder von der Türe abzuholen, mit ihnen im Basler Zoo oder in der Grün 80 spazieren zu gehen, vielleicht gemeinsam eine Kleinigkeit zu essen und sie dann wieder zurück zu bringen. Wenn ich an der Haustüre stehen blieb und wartete, bis Thomas den Kindern Jacken und Schuhe anzog, damit sie spazieren gehen konnten hörte ich, wie Thomas den Kindern sagte, sie sollten mich mit den Worten begrüßen: „Hallo, liebs Mami" Für Thomas waren 14 Tage als Intervall zwischen den Besuchen natürlich unglaublich lang. Für mich war es damals richtig – ich brauchte Abstand. Ich merkte allerdings, dass ich am freien Wochenende immer in ein seltsames Loch fiel, das ich mir eine zeitlang gar nicht erklären konnte. Irgendwann realisierte ich, dass ich ja an dem Sonntag ohne Kinderbesuch keine klare Aktivität hatte. Ich kann mich noch an eine sehr berührende Situation erinnern. Wir waren in der Grün 80 und ich beobachtete zwei Schwäne, war in melancholisches Nachsinnen verfallen. Da umarmte Katharina, die mir damals bis zur Hüfte reichte, mein Bein, sah zu mir auf und sagte: „I ha di gärn". Und ich sagte zu ihr: „Ich hab Dich auch gern." Nur Katharina war zu so einer Aussage fähig. Zwischen Johannes und mir lag unsichtbar noch das Grauen der psychotischen Heimsuchungen. Die Beziehung war praktisch tot. Katharina hatte meine dämonischen Ausbrüche eigentlich gar nicht wirklich erlebt. Sie war schon sehr früh ins Tagesheim gekommen – sie war erst zwei Jahre alt. Sie hatte aber im Tagesheim Zuwendung, spielte stundenlang in der Puppenecke. Ich kann mich noch erinnern, wie sie mir zu einem Muttertag eine Pflanze überreichte. Ich weiß noch wie sie mir begegnete. Ich war ihre Mutter doch diese Nähe war für mich zu viel.

Apathisch ließ ich geschehen. Natürlich war ich mir bewusst dass dieses kleine Mädchen meine Tochter war. Ich glaube, ich war auch schockiert über mich selber — denn ich fühlte mich wie von einem Panzer umgeben — unbeweglich. Das Leben musste auf mich zukommen, das Leben musste mir den nächsten Schritt tun helfen.

Bei Johannes war nicht nur das Stottern ein Wesenszug geworden, er versank auch immer wieder in seiner eigenen Welt. Wahrscheinlich brauchte er diese zu seinem eigenen Schutz. Er wurde aufgefordert, etwas zu machen z. B. seine Schuhe zu binden. Er fing damit an, hielt plötzlich inne, begann zu träumen und vergaß, was er machen sollte. Er musste wieder aufgefordert werden, doch bitte weiter zu machen. Das tat er dann auch, doch er versank wieder in seiner eigenen Welt. Das hatte zur Folge, dass Johannes unglaublich langsam war. Dies fiel dem Schulpsychologen auf, der Johannes vor dem Eintritt in die erste Klasse testete. So wurde entschieden, dass Johannes in eine Kleinklasse eingeteilt wurde. Thomas erinnerte sich noch an eine Aussage der Lehrerin in der ersten Klasse. Alle Kinder wurden aufgefordert, ein Blatt, das auf ihrem Tisch lag, unter den Tisch in das Fach zu legen. Alle taten dies – nur Johannes sass da und verstand nicht, was er tun sollte. So legte die Lehrerin das Blatt in das Fach unter dem Tisch. Natürlich hatte Thomas gleich zu Beginn die Situation zu Hause erklärt

– alleinerziehender Vater und psychisch kranke Mutter, die getrennt von der Familie lebt.

Das Stottern wurde natürlich auch bald zum Thema. Bald jedoch war die Therapeutin der Meinung, dass das Stottern psychische Ursachen haben musste und so schickte sie ihn zur Psychomotorik. Ich erinnere mich im Nachhinein, dass Johannes sich nie beschwert hat, was denn nun schon wieder Neues auf ihn zukäme. Er tat, was man vorschlug und fügte sich.

In dieser schwierigen Zeit gab mir die Werkstatt damals die Struktur, die ich so notwendig brauchte. Dadurch dass ich durch die kreativen Arbeiten, die durch meine Intuition entstanden, auf mich selber zurück fiel, verstrickte ich mich immer wieder in dunkle Wolken, in Anfälle von extremer Todessehnsucht. Das Schreiben, das Klavierspielen und das Sein unter Gleichgesinnten – alle anderen Mitarbeiter kannten ähnliche Dunkelheiten – halfen mir dabei, mich immer wieder wie Münchhausen „aus dem Sumpf zu ziehen".

Die regelmäßigen therapeutischen Sitzungen, die immer noch in wöchentlichem Abstand blieben, zogen am selben Strick wie die Kreativwerkstatt. Mein Therapeut unterstütze diese klare Struktur und versuchte mir mit unglaublicher Geduld den bröckelnden Seelenboden zu stabilisieren und meinen Zugang zum Leben zu stärken. Damals erlebte ich meine Person wie durch einen Vorhang getrennt vom Leben, indem ich als Person mitwirkte. Ich fühlte mich aber unfähig, mich auf das Leben um mich herum einzulassen.

Wenn ich abends im Bett lag, zündete ich ein Teelicht an und stellte sie neben meine Matratze, auf der ich schlief. Die brennende Kerze schenkte mir Licht gegen die Dämonen, die mich immer wieder bedrängten. Ich realisierte nicht, dass dies gefährlich sein könnte. Eines nachts wachte ich auf und sah, dass die Bettdecke lichterloh brannte. Sie war wohl über die Kerze gerutscht und hatte Feuer gefangen. Schon Jahre davor hatte ich auf einem Nachtkästchen Kerzen auf eine Serviette gestellt und die Kerzen angezündet ohne zu realisieren, wie gefährlich das sein konnte. Ich schlief ein und wachte erst wieder auf, als das Kopfkissen, auf dem ich lag, brannte. Ich war in dieser Hinsicht wirklich nicht mit beiden Beinen auf dem Boden. Ich lebte zwar auf dieser Erde, aber in meiner Seele fühlte ich mich wie auf einem anderen Planeten.

Immer wieder betrachtete ich das Geschehen vor dem inneren Auge und mir wurde bewusst, wie viele verschiedene Welten und erlebte Ebenen sich übereinander und ineinander lagerten. Vor allem waren es Energien, die ich spürte. Dunkle, die mich bedrängten und Helle die mich begleiteten. Das Leben lief so schnell an mir vorbei und überrollte mich. Es geschah so vieles gleichzeitig. Eine gute Kraft muss damals gewirkt und seine Hand schützend über alles gelegt haben. Thomas wurden jene Menschen zugeschickt, die er und die Kinder brauchten und mir wurde zur rechten Zeit die Kreativwerkstatt als sicherer Ort zugewiesen.

7. Kapitel: Ringen zwischen Einsamkeit und Freizeitgestaltung

Mit meinem Therapeuten suchte ich immer wieder nach Wegen, dem Leben Schönheit und Leichtigkeit zu geben, manchmal auch mit ganz banalen Beschäftigungen wie z. B. Sudoku, Wortsuchrätsel. Ich kann mich noch erinnern, wie ich meinem Therapeuten sagte, Wortsuchrätsel seien doch viel zu einfach. Er ermunterte mich dazu, mich mit einfachen Dingen zu beschäftigen. Es war eine unglaubliche Herausforderung, dem Sein auf positive Weise zu begegnen und Wege der positiven Freizeitgestaltung zu finden, um nicht immer das Gefühl zu haben, das Leben absitzen zu müssen und zu hoffen, dass es bald vorbei war. Diese Gedanken kamen vor allem, wenn ich die große Einsamkeit spürte und mich ihr ausgeliefert fühlte.

Ich erinnere mich noch, wie ich versuchte, die Zeit, die ich ohne meine Familie in meiner Wohnung zubrachte, zu gestalten. Es gelang mir auch immer wieder. Ich begann intensiv Puzzles auszulegen.

Diese hatten mindestens 2000 Stück. Für mich war das eine wunderbare Tätigkeit. Ich legte zuerst den Rand des Bildes aus und wählte dann ein klares Motiv aus dem Bild, das auf dem Deckel der Schachtel abgebildet war. Ich suchte geduldig die einzelnen Puzzlestücke, verglich sie mit der Vorlage, um heraus zu finden, wo es hin gehörte. Das war für mich lebensnah. Wie gut kannte ich Augenblicke, in denen etwas auf mich zukam und ich musste spüren, ob es zu mir passte, musste spüren, ob dies meine Welt war. Das Vergleichen des einzelnen

Puzzlestückes mit der Vorlage, das hin-und herdrehen des Stückes in der Hand war für mich ein Sinnbild von alltäglichen Momenten, bei denen ich intuitiv zu fühlen versuchte, ob sie in mein Leben passten oder inwiefern sie mich berührten.

Es gab aber auch Phasen, in denen ich mich verlor, in denen ich die Leere ohne Thomas und die Kinder wie eine Last spürte und mich von ihr bedrängt fühlte. Dann saß ich in meiner Wohnung und wurde mir der Realität bewusst. Befreit von der Nähe meiner Familie in der eigenen Wohnung und gleichzeitig gefangen darin. Unfähig für die Kinder freudig da zu sein und unfähig, mit dem Augenblick, der vor mir lag, wirklich etwas anzufangen. Manchmal fand ich mich in Brockenstuben wieder und suchte nach Dingen, die ich vielleicht gar nicht brauchte, von denen ich aber hoffte, dass sie das Leben verändern würden oder mich zufrieden stimmen würden. Wenn ich sie dann zuhause ansah hatte ich sogar manchmal Atemnot, weil ich die Dinge nicht brauchte, weil es eigentlich Ballast war.

Manchmal gelang es mir dann doch, die positive Spirale in mir wieder zu finden. In diesen positiven Augenblicken, die ich immer wieder hart erringen musste, fand ich in meinem Bücherregal ein Gedicht, das mich im Moment stärkte, manchmal spazierte ich am Rhein entlang, die Bewegung des fließenden Wassers war für mich dann ein Symbol für das Leben und ich klammerte mich innerlich an dieses beruhigende Fließen des Flusses. War ich nicht in der Werkstatt, so fühlte ich mich immer wieder wie ein einsamer Wolf – auf Streifzug durch die Welt. Ich war nicht fähig,

Menschen anzutreffen, die mit mir die Zeit verbrachten. Aber es gab auch bereichernde Augenblicke, in denen ich viel las – dann ließ ich mich von der Handlung des Geschriebenen mitnehmen und erlebte das Buch wie einen Gleichgesinnten. Es war viel einfacher, ein Buch als Gegenüber zu erleben. Es war einfach da, die Worte zwischen den Buchdeckeln berührten die Seele. Ich musste wieder Vertrauen in die Menschen und in alltägliche Begegnungen außerhalb der Werkstatt gewinnen. Doch ich war ein Mensch, der viel lieber beobachtete als sich auf das Leben einzulassen. Ich betrachtete das Leben gern aus dem Abstand. Dann war es nicht selten auch spannend, die Menschen zu beobachten. Wurde ich aber direkt mit dem Leben konfrontiert, konnte es leicht sein, dass ich überfordert war und der hauchdünne Boden, auf dem ich stand, einbrach.

8. Kapitel: Sonnenstrahlen zwischen Gewitterwolken

Etwa vier Monate nach meinem Wegzug - mein Therapeut hatte die Diagnose Schizophrenie ausgesprochen – erhielt Thomas von seiner Schwester eine Anzeige aus der Zeitung. Dort erfuhr Thomas, dass es in der Stiftung Melchior eine Angehörigen-Selbsthilfegruppe für Schizophrenie und Manisch-Depressive gab. Für Thomas war dies eine Erleichterung, denn wir konnten uns nicht über die täglichen Schwierigkeiten austauschen und Thomas musste für die Kinder sorgen. Er fand aber mit der Zeit Lösungen, denn er schickte sich in die schwierige Situation. Mit der Zeit fand er Wege, um improvisierend die Situation zu meistern. So kaufte er nach dem Arbeiten im Coop an der Schifflände noch etwas für das Abendessen ein, bevor er ins Tagi ging, um die Kinder ab zu holen. Es liegt auf der Hand, dass Thomas eine große Wut auf mich hatte. Natürlich musste Thomas schauen, dass unsere Kinder für die Schule alles parat hatten, etwa den Turnsack, die Tramkarte, neue Kleidung die kauft werden musste. Neben dem Arbeiten musste Thomas auch noch schauen, dass beide Kinder die Aufgaben gemacht hatten.

Immer wieder wurde ich mir bewusst, dass Thomas zwei Kinder wollte und nun musste er für die beiden Kinder da sein – das Leben zwang ihn dazu. Es war für mich, als lache das Schicksal höhnisch. Boshaft sagte ich eines Tages zu ihm: „Du wolltest zwei Kinder, jetzt hast' sie." Wir konnten nicht mit einander und mussten doch – denn wir waren gemeinsam für zwei Kinder verantwortlich. Und doch drängte mich alles weg von den Kindern, eigentlich hätte ich sie gerne weg gezaubert. Aber sie waren da.

Thomas suchte nach einer Selbsthilfegruppe für Kinder, bei denen ein Elternteil psychisch krank ist. Es stellte sich heraus, dass es eine solche Gruppe gab und sie von der Frau jenes reformierten Pfarrers geleitet wurde, der in jener Kirche tätig war, in der Thomas in einem Chor mitsang. Als Thomas am nächsten Sonntag über den Platz vor der Kirche spazierte, lief ihm diese Frau über den Weg. Er erzählte natürlich alles und erfuhr, dass die Gruppe erst in ein paar Monaten beginnen würde. Dann war die Frage, wie die Kinder zu dem Ort kamen, wo die Therapie war. Da sie noch recht klein waren, mussten sie zum Therapieort und danach nach Muttenz gebracht werden. Da entschied die Stiftung Melchior nach kurzem hin und her – es gehe doch nicht, dass zwei Kinder nicht zu einer Therapie kommen könnten, nur weil es keine Transportmöglichkeit gab. So finanzierte die Stiftung Melchior den Transport.

Von der damaligen Leiterin der Angehörigen-Selbsthilfe-Gruppe erfuhr Thomas, dass es die Organisation „ei-fam" gab, die für alleinerziehende Elternteile immer wieder Veranstaltungen des Austausches und der Unterstützung anboten. Thomas erhielt so die Information, dass sich Mütter im Gundeldingerfeld zu einem gemeinsamen Frühstück trafen. Thomas ging zu diesem Anlass und nahm dazu Sanddornkonfitüre aus dem eigenen Garten mit. Die Thematik dieses Treffens war aber eine ganz andere. Die Frauen suchten eine Möglichkeit, wieder arbeiten zu können. Thomas spürte, dass dieser

Austausch gar nicht auf seiner Augenhöhe war und er gar nichts davon profitieren konnte.

Kurz nachdem meine Diagnose ausgesprochen worden war, ging Thomas wieder zum Kinderarzt und erzählte ihm natürlich, dass mein unerklärbares Verhalten einen Namen habe – „Schizophrenie". Der Kinderarzt meinte darauf hin nur „Ist das jetzt die Diagnose"? Thomas sagt immer wieder, wenn wir darüber sprechen, dass es doch eigenartig ist, dass ein Arzt nicht mehr Verständnis für so eine Situation hat. Thomas hatte sich ja, nachdem er meine Diagnose gehört hatte, mit der Situation arrangiert. Ich habe diesen Arzt nie wieder gesehen und ich bin froh darüber.

Ich weiß nicht mehr, wann ich mich entschloss, bei meinen 14-täglichen Besuchen die Kinder nicht nur von der Tür abzuholen, mit ihnen in der Grün 80 oder im Basler Zoo Zeit zu verbringen und ihnen etwas zu spendieren. Ich hatte das Gefühl, dass dadurch keine Verbindung entstand. Ich fühlte mich eher verloren bei diesen Aktivitäten. So entschloss ich mich nach längerem Ringen, die Zeit mit den Kindern in Muttenz in der Wohnung zu verbringen. Ich denke, dass sich damit auch die Atmosphäre veränderte. Wir spielten und lachten gemeinsam. Ich kann mich noch erinnern, dass sich mit Katharina eine liebevolle Beziehung entwickelte und dass die Abschiede sehr emotional waren, dass sie nach meinem Weggang immer wieder an der Türe stand, mir durch die Glasscheibe neben der Eingangstüre zuwinkte und nicht verstehen konnte, warum ihr Mami nicht bleiben konnte. Meine Beziehung zu Johannes war eine ganz andere. Eigentlich spürte ich ihn gar nicht. Die düsteren Ereignisse, die Erinnerungen an Gewalt, an Angst hatten einen tiefen Graben zwischen uns entstehen lassen. Das ging manchmal so weit, dass mich Thomas, nachdem ich mich liebevoll von Katharina verabschiedet hatte, mich aufforderte: „Sagst Du Johannes auch noch Auf Wiedersehen?"

Ich glaube, dass Thomas zu dieser Zeit schon regelmäßig an der Angehörigen-Selbsthilfe-Gruppe teilnahm. Beim ersten Treffen erzählte er einfach, wie er mich erlebte, wie er gegen eine Wand sprach und ich wie im Geiste abwesend dasitze. Alle Anwesenden, die diese Thematik bereits kannten, nickten nur und Thomas hatte seine ersten „Aha!"-Erlebnisse. Seit diesem ersten Treffen ist er nun regelmäßig dabei. Immer wieder sagt Thomas, dass es eine Erleichterung ist, zu wissen, dass es auch anderen ähnlich geht. Ein paar Monate später hatten auch die Kinder die Möglichkeit, zu einer kreativen therapeutischen Sitzung alle 14 Tage zu gehen. Ich glaube, dass dies eine wichtige Grundlage war, dass Thomas seine Ansprechpersonen hatte und auch die Kinder sich mitteilen konnten. Seit Thomas nun wusste, dass mein Verhalten zu meiner Erkrankung dazu gehörte, konnte er die Tatsache besser verstehen, dass ich weggezogen war, dass ich meine Werkstatt brauchte und konnte auch begreifen, warum die Gärtnerei als Arbeitsplatz nicht möglich gewesen war.

Gegen Ende des ersten Jahres waren die Kinder mehrfach krank. Da ergab es sich, dass mich Thomas fragte, ob ich bereit wäre, die Kinder zeitweise zu hüten. Es brauchte große Überwindung und unglaublichen Mut meinerseits, mich dafür bereit zu erklären. Natürlich war große Angst dabei, ob nicht ähnliche Augenblicke wie in meiner Psychose eintreffen würden. Es war ein beiderseitiges vorsichtiges Annähern. Ich spürte, dass mir die Anwesenheit der Kinder, der Humor von Thomas und den Kindern gut tat. Die positive Energie, die bei unserem Beisammensein entstand, war für mich wunderschön. Es gab sogar kurze Augenblicke, in denen ich mich fragte, warum ich eigentlich ausgezogen war. Und doch wusste ich, dass dieser räumliche Abstand meiner eigener Wohnung und die Struktur in der Werkstatt für mich heilsam und sehr wichtig waren.

Am Ende des ersten Jahres – an Silvester – erhob ich mein Glas und fragte Thomas, wie es für ihn wäre, wenn ich regelmäßig jeden Sonntag zu Besuch nach Muttenz käme. Die Atmosphäre hatte sich gegenseitig recht entspannt, aber eine gewisse Anspannung und eine Angst vor der Macht der Dämonen war tief in mir immer noch wach. Ich gab einer höheren Macht die Hand, schöpfte Vertrauen in meine Intuition. Es entstand ein wärmerer Bezug zu meinen Kindern und ich fing an, ihnen immer wieder etwas mitzubringen, das ich in einer Brockenstube gefunden hatte. Manchmal war ein Besuch in diesen Läden auch ein Gewinn. Intuitiv erstrahlte in mir die Sonne, wenn ich ein Symbol fand, das genau zu Katharina oder Johannes passte. In diesen Augenblicken, entstand in mir ein warmes Lächeln. Thomas erzählte jener Frau, zu der beide Kinder in 14-täglichen Abständen zur therapeutischen kreativen Gestaltung gingen von den kleinen Geschenken, die ich nach Muttenz mitbrachte.

Aus diesem Gespräch ging hervor, dass mein Verhalten gegenüber den Kindern hervorragend war. Kinder brauchten diese kleinen Aufmerksamkeiten. Ehrlich gesagt war ich damals erstaunt und sehr berührt, dass ich intuitiv der positiven Lebenskraft die Hand gegeben hatte. Ich war unglaublich dankbar, wie die Kinder mir in Wärme entgegen kamen.

Wenn ich bei meinen Besuchen klingelte, öffnete eines von den Kindern die Türe, aber immer wieder merkte ich, dass sie sich stritten, wer mir die Türe öffnen durfte. Zuerst nahm ich diese Tatsache gar nicht wirklich bewusst wahr. Ich machte jedoch immer wieder eine kleine Bilanz der guten und schlechten Erlebnisse – und da spürte ich dies. Ich staunte, denn es hatte sich etwas verändert. Nicht die Dämonen strömten nun aus mir – die Kinder freuten sich auf mein Kommen.

Ich glaube, die gute Lebenskraft, die ich um ihren Beistand gebeten hatte, wirkte. Ein wichtiger Teil waren auch die Rückmeldungen jener Therapeutin, zu der die Kinder regelmäßig gingen und mit der sich Thomas immer wieder austauschte. Mein intuitiver Entschluss, den Kindern immer wieder etwas Kleines mitzubringen, wirkte wie ein Sonnenstrahl für sie. Die Fäden der Wiederannäherung wurden langsam geknüpft. Neben der Entscheidung, jeden Sonntag zu Besuch zu kommen, entschied ich mich auch dafür, zum Mittagessen zu bleiben und erst danach wieder in meine Wohnung zu fahren. Die Gemeinschaft, die wachsende Harmonie waren Perlen einer Kette, die gerissen war und die ich nun in unglaublicher Geduld wieder auffädelte. So wurde meine

Schwermut, in die ich immer wieder fiel, für Thomas natürlich schwer erträglich. Er war und ist ein humorvoller Mensch, der viel leichter lebt als ich. So sagte er immer wieder und sagt es noch heute, dass es seinen Humor braucht – „sonsch isch nüm guet". Es ist oft schwarzer, bissiger Humor, mit dem wir aber alles Schwierige hinweg lachen können. Auch ich habe einen Bezug zum Humor. Ich liebe Clowns. Sie haben die Fähigkeit, das Leben aus den Angeln zu heben und ein Lächeln auf das Gesicht manches Menschen zu zaubern. Vor allem liebe ich Dimitri, den poetischen Clown. Er ist für mich ein unglaublich begabter Clown. Ich bin – im Gegensatz zu Thomas – der Ansicht, dass auch meine Schwermut seine Berechtigung hat. Es kann für mich nicht sein, dass die Bodenständigkeit von Thomas meine Schwermut überlagern muss, um mich als Mensch aushalten zu können.

Ich hatte begonnen, der guten Kraft die Hand zu geben und ich kann mich an sehr berührende Momente erinnern, in denen das Leben Goldfäden zu spinnen begann. Katharina hatte mehrere Puppen und wenn ich bei meinen Besuchen zur Haustüre herein kam, legte sie mir kurzerhand eine in die Hand. Ich schlüpfte in die Rolle der Großmutter, denn Katharina war ja die Puppenmutter. So war Humor vorhanden. Als sie zu Weihnachten einmal eine Puppe bekam, die weinen, rülpsen, Pipi machen und sogar weinen konnte und Katharina irgendwann genug mit Spielen hatte, legte sie die Puppe kurzerhand in den Brotkorb und meinte, die Puppe sei nun müde und müsse schlafen. Das waren humorvolle Augenblicke, die in sich eine unglaublich positive Kraft trugen. Diese Momente halfen mir, meine Beziehung zu meinem Mann und meinen Kindern immer mehr zu intensivieren und zu vertiefen. Es war für mich immer wieder ein Wunder, wie vor allem Katharina auf humorvolle spontane Art meine Nähe suchte. Die Annäherung zu Johannes brauchte viel mehr Feingefühl und war viel zerbrechlicher. Johannes war von seiner Natur viel mehr in sich gekehrt. Wenn er dann doch auf mich zukam, dann war dies ein großes Geschenk.

Ich weiß nicht mehr, wie viel Zeit verging, bis ich merkte, dass ich Thomas mehr unterstützen wollte. Irgendwann begann in mir das Bewusstsein zu wachsen, dass die Waagschale der Verantwortung und der Sorge für die Kinder sich deutlich mehr in Richtung nach Thomas hin senkte. Thomas hatte alle Hände voll zu tun und ich kam einmal in der Woche zu Besuch, spielte mit Thomas und den Kindern und fuhr nach dem Mittagessen wieder in meine Wohnung zurück. Eigentlich war ich froh, wenn ich wieder in meine eigene Wohnung gehen konnte. Im Laufe des Jahres spürte ich, dass ich öfter in Muttenz sein wollte. Die Atmosphäre des Lachens und Spielens tat mir gut. Thomas schlug mir vor doch Samstag nach dem Mittagessen zu kommen, dann könnten wir etwas gemeinsam unternehmen. So versuchten wir dies und Thomas konnte einen Teil seiner riesigen Verantwortung an mich abgeben.

Ein wichtiger Teil der Annäherung zwischen Thomas und mir war, dass Thomas ziemlich bald nach seinem Eintritt in die Angehörigen-Selbsthilfe-Gruppe anfing, meine Gedichte und Erzählungen in diesem Kreis von

Gleichgesinnten vorzulesen. Er macht dies auch heute noch regelmäßig und ich war damals und bin auch heute immer wieder erstaunt über die Rückmeldungen aus der Gruppe. Ich schrieb mir und schreibe auch heute noch in der Werkstatt und in meiner Wohnung immer wieder die Seele frei. Immer wieder zeigte es sich, dass ich diese Fähigkeit hatte, dunkle und oft auch düstere Seelenbewegungen zu beschreiben. Für mich war dieses Niederschreiben der eigenen Dunkelheiten eine Befreiung, für manchen Zuhörer war es recht happig und schwer verdaulich. Es war für mich ein riesiger Unterschied, ob ich ein Gedichtbändchen veröffentlichte, dieses gekauft wurde, ich aber keine Rückmeldung von dem Menschen erhielt, der meine Worte gelesen hatte oder ob Thomas ein Gedicht in seiner Gruppe vorgelesen hatte, in der Menschen meine Worte hörten, die als Angehörige diese Seelenqualen hautnah vom Betroffenen mit bekamen, und viel eher einordnen und verstehen konnten als Menschen, die fernab dieser Schwierigkeiten und täglichen Kämpfe lebten. Es war für mich auch Wertschätzung, wenn Thomas die Gedichte vorlas, obwohl er sie nicht nachvollziehen konnte und dies auch heute noch nicht kann, was ich immer wieder sehr schade finde.

9. Kapitel: Positive Weichen für Andreas aber Stürme im Lebensmeer

Als Johannes in der dritten Primarschule war, wurde natürlich wieder über seine Langsamkeit gesprochen, während der er Phasen hatte, in denen er träumte, in seiner eigenen Welt wie wegtrat und alles andere vergaß. Er musste angesprochen werden, erwachte dann wie aus einem Traum und und machte weiter mit der Tätigkeit, die er unterbrochen hatte. Da erzählte ich die Schwierigkeiten seiner Geburt, als ich eine Schwangerschaftsvergiftung hatte, ich berichtete der Lehrerin auch von den schwierigen Jahren meiner Psychose, während denen Johannes viel Düsteres und Schweres erlebt und mich als Mutter nicht wirklich wahrgenommen hatte. Der Lehrerin ging ein Licht auf und sie war der Ansicht, dass Johannes etwas gut hatte. Alle Lehrer, Psychologen und Therapeuten kamen zu einem Gesprächstermin und suchten nach einer Möglichkeit für Johannes, ohne Druck in eine Schule zu gehen – mit allen Informationen, die sie inzwischen von seiner Entwicklung gesammelt hatten. Die Lösung war die Christopherus-Schule, eine Kleinklasse der Rudolf-Steiner-Schule auf dem Bruderholz. So war Johannes in den Jahren 2007 und 2008 an dieser Schule. Der Lehrer, der Johannes am ersten Tag in der Schule erlebt hatte, telefonierte am Abend mit Thomas und sagte erfreut: „Das ist ja ein richtiges Goldstück." Die zwei Jahre auf der Christopherus-Schule waren für Johannes heilsam. Ich erinnere mich noch an einen berührenden Moment, als wir in Muttenz am Tisch saßen und Johannes mit seiner schönen Knabenstimme ein Lied über den heiligen Martin sang.

Zu dieser Zeit hatte er am Dienstag den halben Nachmittag frei und war so gegen 15 Uhr in Muttenz. Nun sollte jemand bei ihm sein und ihm bei den Aufgaben helfen. Da kam der Gedanke auf mich. Für mich war das eine Herausforderung. Nach kurzem bangem Moment entschloss ich mich, in dieser Zeit für Johannes da zu sein. Natürlich hatte ich Angst, ob das auch wirklich gehen würde. Ich fragte mich, wie ich diese Aufgabe am besten lösen könnte. Da kam mir die Intuition, dass ich ihn auf mich heran kommen lassen könnte und dann auf das Wesen, das ich in ihm spüre, eingehen könnte. Es war ein sensibles aufeinander zugehen. Ich kaufte ihm eine Süßigkeit, bei der ich wusste, dass er sie gern hatte und stellte sie auf den Tisch. Zu meiner großen Freude aß er sie mit Genuss. Ich war für ihn da, beantwortete manche Fragen, half ihm, wo ich es konnte. Es war für mich schön, ich war dankbar. Ich half ihm bei den Aufgaben, wir spielten gemeinsam Lego. Wenn Katharina nach Hause kam, erwartete sie natürlich, dass ich auch noch für sie da war. Doch das war mir meistens dann doch zu viel und ich verließ das Haus. Katharina war meistens sehr enttäuscht, dass ich manchmal beinahe floh, meinen Freiraum brauchte und ihn mir erkämpfte. Manchmal riss sie ein Spiel heraus – z. B. Mensch ärgere Dich nicht – und bestand darauf, dass wir eine Runde spielten. Es war wie ein verzweifeltes Festhalten an mir. Sie musste mich aber dann doch gehen lassen und stand neben der Türe an der Glasscheibe, um mir nach zu winken.

Als ich schon mehrere Wochen für Johannes am Dienstagnachmittag nach Muttenz kam, erzählte mir Thomas, dass Katharina reklamiert habe. Sie fand es ungerecht, dass nur Johannes das Mami für sich einen Nachmittag habe. Sie wollte auch Zeit mit dem Mami verbringen. So entschied ich mich, am Freitagnachmittag für Katharina zu kommen, um mit ihr gemeinsam Zeit zu verbringen und am selben Abend wieder in meine Wohnung zu fahren. Ganz langsam bahnte sich der Rückzug zu meiner Familie wieder an. Es brauchte unglaublich viel Geduld und Vertrauen. Es war immer wieder ein Seilziehen – würde es für mich und die Kinder gut gehen, würde die Lebenskraft weiter wirken? Mein Dasein für die Kinder am Nachmittag wurde von der Werkstatt her sehr unterstützt. Es galt als Arbeitszeit.

Die gute Lebenskraft wirkte trotz meiner Befürchtungen unscheinbar und doch klar. Es war nicht mehr jene grauenhafte Atmosphäre der Psychose. Die Zeit hatte sich gewandelt durch den Abstand, durch den Freiraum, den ich mir genommen hatte. Diese Wandlung brauchte aber viel Zeit und Geduld. Für mich war es damals eine große Herausforderung – würde diese offensichtliche Annäherung an die Kinder gelingen oder würden die Dämonen wieder hindurch brechen? Mir war damals diese Angst bewusst, denn ich zögerte vor jeder Veränderung, die sich anbahnte und ließ die Annäherung an die Kinder und an Thomas dann doch geschehen.

In diese Zeit fällt noch ein anderes Ereignis. Die Organisation „Eifam" schrieb allen Mitgliedern, dass für einen Artikel in der Migroszeitung alleinerziehende Väter gesucht wurden, die noch dazu 100 Prozent arbeiten. Auch Thomas erhielt als Mitglied dieses Mail, fühlte sich angesprochen und meldete sich. Eine Journalistin der Migroszeitung, die für diesen Artikel verantwortlich war, meldete sich bei Thomas und besuchte ihn in Muttenz. Thomas konnte alle Schwierigkeiten und Herausforderungen erzählen, die der Alltag und das Leben mit sich brachten, natürlich erzählte er auch von meiner Erkrankung, wegen der er ja nun alleinerziehender Vater war. Die Journalistin hielt für den Artikel mit Fotos Augenblicke während dem Kochen und dem gemeinsamen Abendessen fest. Auch Katharina durfte mit vielen Plüschhunden posieren. Der Artikel erschien in der Migroszeitung. Ein Arbeitskollege von Thomas las diesen Artikel und hängte ihn an das schwarze Brett. So wussten nun alle Mitarbeiter, was für einen enormen Einsatz Thomas täglich leistete. Am 3. März 2008 erschien dieser Beitrag in der Migroszeitung.

In der Christopherus-Schule gab es immer wieder Gespräche mit dem Lehrer, es gab auch Klassenabende mit den Eltern. Ich empfand immer wieder große Schuld als Mutter, die getrennt von der Familie lebte und fühlte mich im luftleeren Raum, da ich sozusagen eine Sonderstellung hatte. Ich hörte zu, fühlte mich aber oft nicht dazu gehörig. Vor allem wusste der Direktor und der Lehrer von Johannes, dass ich getrennt lebte und Thomas allein erziehender Vater war. Mir wurde – vor allem in Einzelgesprächen mit den Eltern – verbal zwar durch die Blume, aber doch sehr verständlich gesagt, dass das eigentlich nicht der rechte Weg sei, als Mutter getrennt von Mann und Kindern zu leben. Das Hauptproblem war, dass mir niemand diese Krankheit ansah. Es war die Belastung, die tägliche Herausforderung des Mutter-Seins, dem ich niemals gerecht geworden wäre. Schwierig war für mich auch, dass mein Therapeut hinter meiner Entscheidung der Trennung von Muttenz stand und mir erklärt hatte, in meiner Situation gelten andere Gesetze. Und nun warfen mir der Lehrer sowie der Direktor mit Blicken und Andeutungen vor, dass mein Entschluss der Trennung ganz sicher nicht zu billigen sei. Hier galten wieder ganz andere Gesetze, denen ich nie und nimmer genügte. Ich saß sozusagen immer wieder zwischen den Stühlen und hatte keine Worte, meine Situation zu erklären.

Thomas wurde nach einem dieser Elterngespräche der Tipp gegeben, als alleinerziehender Vater doch vor allem am Morgen Unterstützung durch das Rote Kreuz anzufordern, damit nicht alles an ihm hing. Die Mitarbeiter des Roten Kreuzes sollten Thomas bei der Pflege der Kinder am Morgen helfen. Thomas fand aber heraus, dass das Rote Kreuz nur für kranke Kinder kam, also blieb es weiterhin an Thomas hängen. Weiters meinte der Klassenlehrer, Johannes sei unter Fremdbetreuung besser aufgehoben. Eigentlich wollte er Johannes Thomas wegnehmen. Thomas blieb dabei, dass er weiterhin für Johannes als alleinerziehender Vater da war. Es war ein offensichtliches Autoritätsproblem, denn Thomas weigerte sich, die Worte und Ratschläge in die Realität umzusetzen. Dies missfiel dem Klassenlehrer außerordentlich und er schrieb eine Gefährdungsmeldung an die Vormundschaftsbehörde in Muttenz.

Die beiden Jahre an der Christopherus-Schule nahmen so für Thomas ein schwieriges Ende. Er fühlte sich ungerecht behandelt und ging durch die Hölle. Dem Schulpsychologen, der Johannes schon seit Jahren kannte, war es zu verdanken, dass sich Thomas immer wieder aufgefangen und verstanden fühlte. Schon die Stimme dieses Psychologen war für Thomas immer wieder ein Trost und eine große Hilfe. Thomas und ich fragten uns, wie sich die Dinge wohl entwickelt hätten, wenn Thomas nicht ein alleinerziehender Vater sondern eine alleinerziehende Mutter gewesen wäre – da wäre er ja nicht allein gewesen, denn alleinerziehende Mütter gab es viele. In dieser schwierigen Zeit versuchten wir beide, alles in die Hand einer guten Kraft zu legen. Es gab ein gemeinsames Gespräch mit dem Schulpsychologen, dem Klassenlehrer und dem Schuldirektor, bei dem fadenscheinige Gründe angegeben wurden, welche beweisen sollten, dass das Wohl von Johannes und seine Entwicklung in Gefahr seien. Bei einem anschließenden Telefonat, das Thomas mit dem Schulpsychologen führte, sagte dieser zu Thomas, er kenne keinen Vater, der sich so für seinen Sohn einsetze.

In die Zeit des Getrenntlebens fallen aber auch sehr berührende Erlebnisse. Eines möchte ich kurz erzählen. Ich rief von meiner Wohnung aus in Muttenz an und Katharina hatte gerade eine Sitzung auf dem stillen Örtchen. Johannes hob ab und sprach mich mit „Mami" an. Katharina hörte durch die WC-Türe, dass ich am Telefon war, hatte aber keine Zeit mehr, die Hose hinauf zu ziehen. So stand sie am Telefon und sprach mit mir. Kurze Zeit später kam Thomas zur Haustüre hinein und sah Katharina, die gerade den Telefonhörer aufgelegt hatte. Natürlich fragte er sie, warum sie ihre Hose nicht richtig an hatte. Katharina erklärte ihm, dass ich am Telefon gewesen sei und sie unbedingt mit mir reden wollte. Thomas erzählte mir diese berührende Geschichte beim nächsten Telefonat. So begann die gute Kraft immer weiter zu wirken.

Es spielte sich so viel für mich gleichzeitig ab und noch dazu in so verschiedenen Welten. Damals empfand ich diese Zeit immer wieder wie ein Puzzle, bei dem alle Teile immer wieder durcheinander purzelten und ich eigentlich nie wirklich wusste, was da eigentlich geschah. Mein Therapeut versuchte mich immer wieder zu bestärken, zeigte mir die positiven Ereignisse auf. Irgendwann merkte ich, dass ich durch die vielen Tipps und guten Gedanken, die ich in den therapeutischen Sitzungen aufgenommen hatte, den mutigen Schritt wagen wollte, nicht mehr jede Woche zur Therapie zu gehen sondern in größeren Abständen. Ich wollte aus mir heraus das Leben meistern, dem Leben zu begegnen versuchen. Ich wollte mich auf meine Intuition verlassen und mehr Eigenständigkeit anstreben. Mein Therapeut nahm mich ernst und ermutigte mich, ich könnte mich melden, wenn ich diesen größeren Abstand doch nicht so gut fand und Hilfe brauchte.

10. Kapitel: Ein klarer Abschied und verloren auf dem falschen Planeten

Thomas ging durch diese schwierige Zeit hindurch, gestützt von jener Therapeutin, zu der die Kinder regelmäßig gingen, im Rücken gestärkt durch den Schulpsychologen. Nach der Gefährdungsmeldung wurde mit Hilfe des Schulpsychologen beschlossen, Johannes aus der Schule zu nehmen. Der Psychologe verfasste ein Schreiben an die Christopherus-Schule und erklärte, dass Johannes in diesen zwei Jahren so viel in seiner Entwicklung aufgeholt hatte, dass er nun wieder fähig sei, in die Sekundarschule zu wechseln. Zu einem klärenden Gespräch wurden alle Personen eingeladen, die mit Johannes in den letzten Jahren zu tun gehabt hatten – auch die Lehrerin, die Johannes in der Sekundarschule weiter begleiten sollte. Da das Schreiben und das gemeinsame Gespräch ein so gutes Licht auf die Christopherus-Schule warf, gab es keinen Streit, sondern einen klaren Abschied von dieser Schule. Ich blieb diesem letzten Gespräch fern und Thomas sagte mir mehrere Jahre danach, dass er eine riesige Wut auf mich gehabt hatte. Ich war die Mutter von Johannes – die wichtigste Person – und ich war nicht anwesend. Ich traute mir damals, in diesem Augenblick nicht zu, Rede und Antwort zu stehen. Mir fehlte in diesem Moment der Mut, ins kalte Wasser zu springen. Trotz der Tatsache, dass ich getrennt lebte, war ich für die Kinder verantwortlich. Doch ich zog mich aus dieser Aufgabe heraus. Mir fehlte das Vertrauen, genug Energie für ein solches Gespräch in mir zu haben, bei dem die Menschen wie wilde Tiere in einer Arena über einander her fielen. Ich redete mir ein, Thomas sei einverstanden, dass ich diesem Gespräch fern blieb, doch dieser Gedanke war eine dämonische Einflüsterung.

In meiner Werkstatt hatte ich immer wieder die Gelegenheit, diese schwierigen Themen zu besprechen. Ich fühlte mich an diesem Ort aufgefangen und war sehr froh um diese klare Struktur. Im Grunde genommen war diese Zeit des Getrennt-Lebens immer wieder ein Slalom zwischen dem Getrennt-Sein von der Familie, um mir Freiraum zu schaufeln und so meine eigene Welt zu bewahren und andererseits die Konfrontation mit der rauen Realität, in der ich mir immer wieder bewusst wurde, dass ich Mutter war, eigentlich davor fliehen wollte und doch immer wieder unbarmherzig damit konfrontiert wurde.

Ich erinnere mich noch an manche Geburtstagsfeiern unserer Kinder. Ich war dazu eingeladen, war das Mami, aber in mir fühlte ich mich wie ein Kind, unmündig, hilfesuchend. In meiner eigenen Wohnung konnte ich meine Welt gestalten. Sobald ich aber mit Eltern anderer Kinder oder mit Lehrern zusammen war, begriff ich erst, wie bodenständig Thomas war, wie sehr sich alles in mir wehrte, dem Leben ins Gesicht zu sehen – dies aber als Mami tun sollte. In solchen Momenten hätte ich mich am liebsten aufgelöst. Thomas hatte mit seinem bissigen Spruch Recht – ich war ein „Kind mit Kreditkarte". Immer wieder spürte ich durch die Blicke der Erwachsenen oder der Kinder, dass sie nicht wussten, was sie mit mir anfangen sollten. Ich stand offensichtlich daneben, neben dem Leben, neben der bodenständigen Realität und oft auch neben mir selber.

Ich fühlte mich unter alltäglichen Menschen, denen ich begegnete, oft wie von einem anderen Planeten. Ich stand quer und fühlte mich oft so fremd auf der Erde. Wenn ich meiner Intuition vertraute, spürte ich die Lebenskraft. Das Vertrauen in die Intuition hatte aber immer etwas Eigenartiges für mich. Ich konnte diese Ebene, in der ich mit mir im Einklang war, nicht erklären. Ich wurde zentriert, wurde ruhig, aber ich spürte, dass in mir eine andere Welt lebte und dass diese Welt so ganz anders war als jene, die durch die Kinder und die Eltern auf mich einströmte und mich bedrohte. Ich spürte die Energien und die Welten der anderen Menschen. Ich spürte aber vor allem, dass ich ganz anders „tickte". Sobald ich mich auf die Welten um mich herum konzentrierte und fieberhaft meine eigene Welt zusammen basteln wollte, drehte ich mich wie ein Kreisel und verlor mich selber. Dann spürte ich Dunkelheit und geriet in Panik. Die schlimmsten Augenblicke waren, wenn ich „aus dem Gleis fiel". Ich hatte wirklich das Gefühl, dass mein „Lebenszug" entgleiste. Plötzlich war das Leben weg. Jeder Sinn fehlte, als ob eine Straße plötzlich aufhörte und „Nichts" - kein Weg, keine Zukunft, keine Hoffnung mehr da war. Dies war nicht nur beängstigend, es war, als würde die Welt untergehen, obwohl außerhalb meines Körpers die Welt weiter bestand. Ich musste mit jeder Faser meines Körpers vertrauen, dass der Weg weiter ging. Ich war wie im Nebel und sah nicht einmal den nächsten Augenblick. Irgendwann kam der Weg, der Sinn wieder. Ich musste darauf vertrauen, dass ich die Lebenskraft wieder in mir spürte.Es war wie in der Dämmerung, wenn die Sterne zu leuchten beginnen. Mit der Zeit kannte ich diese Momente und konnte besser damit umgehen. Ein bodenständiger Mensch, der mich in einem solchen Moment sah, musste das Gefühl haben, einen Zombie, eine lebendige Leiche vor sich zu haben.

Damals war ich mir nicht bewusst, dass ich ja jeden Tag in einer geschützten Werkstatt arbeitete und dass die Eltern der Kinder oder die Nachbarn in einer ganz anderen Welt lebten, die in sich eine ganz andere Atmosphäre trug. Ich war dieser Welt oder besser gesagt diesen verschiedenen Welten, die in solchen Augenblicken auf mich einströmten, nicht gewachsen. Es überstieg meine Kräfte und das sahen mir die Menschen an. Sie wussten aber nicht, was mit mir los war. Ich war wirklich wie von einem anderen Planeten, wie von einem anderen Stern. In meiner Werkstatt widmete ich mich kreativen Arbeiten, mit denen ich die Intuition und die Lebenskraft stärkte und aus der Ruhe heraus dem Leben begegnete. Durch meine Situation als Mutter mit IV-Rente an einem geschützten Arbeitsplatz war ich an den Rand gedrängt – und ich fühlte mich auch so.

Wenn mir Menschen mit verschiedensten bodenständigen Welten begegneten, wurde mir die Aussage meines Therapeuten hautnah bewusst, dass in meinem Leben andere Gesetze galten. In mir war keine Bodenständigkeit, sondern eine unglaubliche Sensibilität, ich spürte die verschiedensten Welten um mich herum und drehte mich wie ein Kreisel, wenn ich versuchte, dran teil zu haben. Ich spürte, dass es mir nur gelang, am Leben teil zu haben, wenn ich es aus der Ruhe heraus beobachtete und aus meiner Intuition heraus handelte.

Ich war immer wieder froh, wenn ich wieder in meiner eigenen Wohnung war. Gleichzeitig aber schämte ich mich. Ich war doch das Mami – ich „hätte doch sollen" – blieb oft in mir als Nachklang hängen. Ich konnte die Lage aber nicht verändern. Ich war wie in einem Gefängnis, das ich mir durch meine gemietete Wohnung geschafften hatte – aber ich konnte aus diesem nicht ausbrechen. Und ich sah keine andere Möglichkeit.

In der Werkstatt hatte ich jenen Rückhalt, der mir Boden gab. Ich arbeitete mit geometrischen Figuren, zeichnete diese, variierte mit Formen und Farben. Diese klaren Formen – Kreis, Dreieck, Rechteck – strahlten in meine Seele. Es waren Formen, die im täglichen Leben überall sichtbar waren und deshalb Bodenständigkeit in sich trugen. Ich schrieb mich frei und fing mich zum Teil selber auf. Es gab aber auch immer wieder die Möglichkeit für ein Gespräch, wenn die Dunkelheit mich zu sehr bedrohte. Deshalb war es für mich immer wieder ein großer Verlust, wenn mich Thomas anrief und ich für die Kinder sorgen sollte, da er ja 100 Prozent arbeitete – ich brauchte doch meine Struktur. Sie gab mir Sicherheit, sie gab mir sogar so etwas wie einen unsichtbaren Schutz. Alle meine Tätigkeiten schenkten mir Ruhe, Frieden. Und trotzdem war ich Mutter und hatte Thomas immer wieder gefragt, wie ich ihn mehr unterstützen konnte. Es war ein Seilziehen zwischen dem Bewusstsein, Thomas unterstützen zu wollen und dem Gefühl, dass ich mit der Welt außerhalb der Werkstatt eigentlich gar nichts zu tun haben wollte. Und trotzdem gab es gemeinsame Augenblicke in Muttenz, die absolut wertvoll und einmalig waren.

Die Tatsache, dass Thomas in der Angehörigen-Selbst-hilfegruppe war, hatte die Situation in seiner Atmosphäre verbessert. Er hatte mein Verhalten durch meine Erkrankung verstehen gelernt, hatte sie akzeptiert. Trotzdem konnte er mein Erleben der Welt nicht verstehen. Durch den Rückhalt der Werkstatt und das Bewusstsein, dass Thomas meine Texte ernst nahm sowie meine existentielle Struktur akzeptierte, fand ich nach einigem Ringen wieder meinen Frieden. Immer wieder gelang es mir, in meiner augenblicklichen Lebensbilanz eine positive Einstellung zu finden.

11. Kapitel: Annäherung zwischen Kerzenschein und gemeinsamen Ferien

Meine nächste Annäherung an meine Familie war die Entscheidung, schon am Samstagmorgen zum Frühstück zu kommen und Gipfeli mitzubringen. Das gemeinsame Frühstück, die klassische Morgenmusik auf DRS 2, die brennenden Kerzen strahlten Geborgenheit aus. Jede neue Entscheidung, mit der ich mich näher an Muttenz heran wagte, wurde in mir zu einem Schema. Ich erstellte gleich einem inneren Bild eine Aufstellung meiner Tage in Muttenz, jener Tage in der Werkstatt und meinem Sein in meiner Wohnung. Das gab mir inneren Halt und Klarheit. Nach wie vor nahm ich regelmäßig Medikamente und wurde geduldig begleitet von meinem Therapeuten, der uns auch in Paargesprächen manche wertvolle Anregung gab. Er ermutigte mich und streute auch in manchen Augenblicken Hoffnung auf den Weg, wo ich zweifelte oder stellenweise auch verzweifelte.

Thomas und die Kinder waren anfangs ohne mich in die Ferien gegangen, in den Sommer- wie in den Herbstferien in das Berner Oberland, nach Grindelwald. Dort hatten die Eltern von Thomas ein Chalet. Dieses lag oberhalb vom Ort Grindelwald. Es war umgeben von den bekannten und berühmten Bergen des Berner Oberlandes. Dieses Zusammensein über drei Wochen im Sommer und zwei im Herbst wäre für mich noch zu viel gewesen. Ich wäre rund um die Uhr an einem fremden Ort gewesen.Für einen bodenständigen Menschen ist diese Aussage sicher unverständlich. Für mich war es aber ein hochsensibles Erleben. Ich spürte die Atmosphären der Menschen und erlebte sie als Bedrängnis. Für Thomas war es eine unglaubliche Erleichterung, dass seine Eltern anwesend waren. So lag die Verantwortung nicht auf ihm allein, sondern da war noch jemand, der ihm beistehen konnte. Manchmal betreuten seine Eltern auch unsere Kinder, sodass Thomas für sich alleine eine Wanderung machen konnte und das Alleinsein genießen konnte. Als die Kinder gelegentlich Flugzeuge am Himmel erblickten, fragten sie Thomas, ob sie nicht auch einmal mit dem Flugzeug in die Ferien fliegen würden. Thomas, der immer versuchte, auf die Wünsche der Kinder einzugehen, erfuhr von seinem Bürokollegen, dass es in Tunesien wunderschön sei – auch für Kinder wäre dies sicher ein Erlebnis. Thomas hatte auch den Wunsch durch einen Urlaub in Tunesien in den Herbst-Ferien den Sommer zu verlängern. Im Reisebüro erfuhr er von den Ferien in einem All-Inclusive-Hotel, in dem mit der Bezahlung schon alles enthalten sei und auch für das Wohl der Kinder ausgezeichnet gesorgt wäre. Thomas entschied sich dafür und war begeistert.

Ich konnte mir dieses gemeinsame Zusammensein über zwei oder drei Wochen noch gar nicht vorstellen. Es war für mich immer wieder eine komische Situation, wenn Thomas zu den Kindern sagte: „Verabschiedet euch von Mami, ihr seht sie lange nicht." In diesen Augenblicken realisierte ich meine Situation. Thomas trug sein Schicksal mit unglaublicher Geduld und Beharrlichkeit. Wenn ich mich vor der langen Ferienzeit von den Kindern verabschiedete, wurde mir immer wieder bewusst, welche große Aufgabe Thomas übernommen hatte. Ich wäre nicht fähig gewesen, für die Kinder auf diese Weise zu sorgen. Es war für mich auch schmerzlich zu realisieren, dass ich meine Aufgabe als Mami nur zu einem kleinen Teil tragen konnte. In diesem Bewusstsein begann ich irgendwann, Thomas eine rote Rose zu schenken. Dies wiederholte ich immer wieder in kleineren oder größeren zeitlichen Abständen.

Nach dem ersten Urlaub, den Thomas mit den Kindern in einem All-Inclusive-Hotel in Tunesien im Jahre 2007 verbrachte, äußerten Kinder den Wunsch, ob das Mami auch einmal in die Ferien mit käme. Als Thomas mir diese Frage stellte, erschrak ich im ersten Augenblick. War das überhaupt möglich? War diese Nähe über mehrere Wochen zu Thomas und den Kindern nicht zu viel? Natürlich mussten wir genau überlegen, wie das möglich war, dass ich auch dann meinen Freiraum hatte und meine Auszeiten nehmen konnte. Für mich war einen solche Entscheidung wie ein Schritt über einen Abgrund, wobei das gegenüberliegende Ufer nicht sichtbar war. Würde ich das Vertrauen und die Lebenskraft in mir spüren? Würde ich es wirklich drei Wochen gemeinsam im intensiven Beisammensein aushalten? Gemeinsam mit dem Therapeuten entschieden wir, dass ein gemeinsamer Urlaub nur möglich war, wenn ich ein Zimmer für mich hatte, um für mich alleine sein zu können, wenn ich das Bedürfnis danach hatte. Im Jahre 2008 wagten wir zum ersten Mal einen gemeinsamen Urlaub im Sommer für zwei Wochen und verbrachten diesen in Italien. Im selben Jahr im Herbst zwei Wochen in Kreta. Dort hatten die Kinder die Möglichkeit, in Gruppenbetreuung die Zeit kreativ zu gestalten.

12. Kapitel: Humor als Gratwanderung und befreiende Ruhe

Thomas ist ein sehr humorvoller und bodenständiger Mensch. Die Kinder schlagen ihm nach. In den Ferien hatte ich Anteil an diesem Humor. Dadurch kam Leichtigkeit in den Augenblick. Auch ich trage Humor in mir, aber dieser ist eher schwermütig-melancholisch. Ich bin ein großer Fan von Clowns, denn diese strahlen für mich diesen etwas traurigen Humor aus. Dabei gehen viele Clowns bei ihren Darbietungen auch in die Tiefe. Die Harlekins, die meist mit einer Träne dargestellt werden, tragen diese melancholische Stimmung auch in ihrem Wesen. Es gab Augenblicke, da gelang es mir im Beisein von Thomas und den Kindern, in Selbstironie meine Schwächen hinweg zu lachen. Thomas und die Kinder stiegen darauf ein und so war immer wieder Heiterkeit zwischen uns. Es gab aber auch Augenblicke, in denen meine Stimmung ohne Vorwarnung kippte und ich den Humor, der mir entgegen kam, als Spott und Hohn erlebte. Solche Einbrüche gab es immer wieder. Manchmal waren sie so krass, dass ich Thomas in seinem Basler Humor beschuldigte, mich absichtlich schlecht hinzustellen. Leichtigkeit kippte dann in Verzweiflung. Die Gewitterwolken meiner Einbrüche verzogen sich aber nach einer Weile und ich bat Thomas um Verzeihung. Von seiner Angehörigen-Selbsthilfe-Gruppe und den Erzählungen von den anderen Betroffenen hatte er Verständnis dafür. Wir fanden immer wieder zu einander. Das war für mich eine unglaubliche Erleichterung. Ich spürte auch, dass trotz meiner unvorhergesehenen Krisen der gemeinsame Urlaub möglich war. Manchmal erschien mir das beinahe wie ein kleines Geheimnis. Während einem dieser gemeinsamen Urlaube, sagte mir Thomas wie froh er sei, dass nicht alle Verantwortung nur auf ihm lag. Ich konnte etwas Positives mit meiner Anwesenheit bewirken – das freute mich ungemein. Das hob zum Teil die unglaublichen Schuldgefühle auf, die ich ihn mir spürte und die manchmal sogar alle paar Minuten mich überschwemmten.

Die positiven Erlebnisse des gemeinsamen Urlaubs führten dazu, dass ich mich entschied, die Kinder am Dienstag- und am Freitagabend mit Thomas gemeinsam zu Bett zu bringe. Ich wollte meiner Familie näher sein. Es lag doch ein Gefühl von Zerrissenheit in der Tatsache, dass ich weder in Muttenz noch in meiner Wohnung zu Hause war. Ich kam mir immer wieder wie eine Schnecke vor, die unglaublich langsam weiter kroch. Ich versuchte, mich mit dem Leben, das ich zu leben hatte, zu arrangieren.

Etwa vier Jahre nach meiner Trennung von Muttenz entschied ich mich, in eine andere Wohnung zu ziehen. In der Wohnung, in der ich bisher gewohnt hatte, gab es weder eine Badewanne noch einen Balkon. Beides gehörte für mich zum „primären Luxus", beides strahlte für mich Erholung und Entspannung aus. So wählte ich eine Wohnung, die diese beiden Wünsche erfüllte. Aus mir heraus wäre nie der Gedanke an einen Rückzug nach Muttenz entstanden. Dieser Gedanke musste von außen kommen und kam auch mehrere Jahre später von Thomas.

In manchen Augenblicken wurde mir bewusst, wie viel Verantwortung Thomas auf sich trug und wie klein mein

Anteil war. Dann wurde mir meine eigene Situation und gleichzeitig jene Bürde bewusst, die Thomas trug und in solchen Momenten fühlte ich mich elend. Dann spürte ich, dass ich auf hauchdünnem Eis voran schritt. Ich suchte mir immer wieder Kraft, Vertrauen und Mut in Märchen. Ich zeichnete Engelsbilder und befreite mich im geschriebenen Wort.

Lange Zeit fuhr ich sowohl am Dienstagabend als auch am Freitag Abend, als wir die Kinder gemeinsam zu Bett gebracht hatten, wieder zu meiner Wohnung, um dort zu schlafen und so meine Freiheit zu haben. Es lag aber eine Unruhe in diesem Hin- und Her und eigentlich war es keine Erholung.

Ich musste am Mittwochmorgen früh aufstehen, um zu frühstücken in die Werkstatt zu gehen und ich holte am Samstagmorgen Gipfeli für das Frühstück mit, die ich im Migros in der Nähe meiner Wohnung kaufte. Irgendwann spürte ich, dass dieses Hin- und Herfahren mehr Unruhe als Freiheit brachte und ich fragte Thomas, was ich machen sollte. Da brachte mich Thomas auf den Gedanken, doch in Muttenz zu übernachten. Natürlich brauchte ich dafür mein eigenes Zimmer, um meine Ruhe und meinen Rückzug zu haben. Wir entschieden uns für das Dachzimmer, in dem ich heute noch meinen Rückzug und mein „Reich" habe. Dieser Entschluss war eine Erleichterung, obwohl er unglaublich viel Mut brauchte.

Es trat Ruhe ein – ich war einfach in Muttenz. Es gab kein Hetzen mehr, so fiel eine große Anspannung von mir ab.

13. Kapitel: Ein Kreisverkehr ohne rettende Ausfahrt

Nun übernachtete ich von Dienstag auf Mittwoch und von Freitag über das Wochenende in Muttenz. Die Gipfeli für das Frühstück konnte ich am Morgen im nahe gelegenen Coop kaufen. Jeder Schritt, jede Veränderung brauchte unglaublich viel Mut. Wenn ich diesen Sprung gewagt hatte, dann merkte ich, dass die Lösung ein Gewinn war. Das Dachzimmer hatte ein Dachfenster, durch das ich am Abend und vor allem im Winter, wenn es schnell dunkel wurde, die Sterne am Himmel sah. Diese waren für mich Gleichgesinnte, sie standen schweigend am Himmel und erzählten meiner Meinung nach Geschichten über den Kosmos. Dies verströmte für mich Geborgenheit und das Behütetsein von einer höheren Kraft.

Diese Struktur, die beinahe ein Korsett wurde, behielt ich über mehrere Jahre bei. Thomas war nach wie vor allein-erziehender Vater und ich brachte den Anteil für die Kinder und den Haushalt ein, der für mich möglich war. Immer wieder spürte und realisierte ich, wie viel Verantwortung auf Thomas lag. Vor allem wurde mir dies bewusst, wenn ich in meiner eigene Wohnung war. In manchen Augenblicken bedrängte mich dieser Gedanke so sehr, dass ich Atemnot hatte und ich mich gefangen in meiner Wohnung fühlte. Ich fühlte mich schuldig, bestrafte mich, dass ich gewagt hatte, alleine zu leben, eine eigene Wohnung zu mieten und Thomas die Kinder überlassen hatte. In manchen Augenblicken fühlte ich mich hundeelend. Immer wieder rief ich Thomas an und klagte ihm meine Bedrängnis. Wir kamen wir zu dem Schluss, dass es nun einmal nicht anders möglich war. Ich musste in meiner Wohnung mit mir selber auskommen. Immer wieder fühlte ich eine Leere in mir – manchmal verirrte ich mich in Brockenstuben und kaufte Dinge, die ich vielleicht gar nicht brauchte – nur um diese Leere zu füllen. Ich kann mich noch an einen Abend erinnern, als ich in Muttenz anrief und Thomas mit den Kindern Raclette ass. Es klang nach Geborgenheit – dieses gemeinsame Raclette. Ich fühlte mich ausgeschlossen und wusste doch keinen Rat, die Situation zu verändern.

Es gab Abende, da war es für mich zu viel, die Zeit auszufüllen, bis ich schlafen ging.was meistens zwischen 21.30 und 22.00 war.Ich wusste nicht, was ich mit der Zeit anfangen sollte, die vor mir lag. An manchen Abenden legte ich mich schon unglaublich früh hin – ich war es müde, die Zeit zu gestalten. Ich wollte dem Leben, den vielen Augenblicken keinen Sinn mehr geben müssen. Das Leben mit seinen vielen Minuten und Stunden lag wie ein Alb vor mir und bedrängte mich. Vor meinem Fenster wuchsen Bäume, ihre Blätter bewegten sich im Wind. Der Anblick der Bäume schenkte mir Geborgenheit. Ich hüllte mich in meine wärmende Decke, verband mich in Gedanken mit den Bäumen und fand so innere Ruhe.

In Muttenz gab es immer wieder gemeinsame Augenblicke, wo der Himmel die Erde küsste. Wir spielten und lachten gemeinsam. Ich war in diesen Stunden Teil der Familie. Für Thomas war es an den Abenden, an denen er für die Kinder allein zuständig war, alles andere als einfach. Vor allem musste er darum kämpfen, dass die Kinder einigermaßen zeitig schlafen gingen. Manchmal überkam ihn aber auch unglaubliche Wut, dass er allein-erziehend war, dass ich – seine Frau und die Mutter der Kinder – meinen Weg getrennt von ihm lebte und er zerstampfte, wenn an manchen Tagen alles zu viel wur-de, manche Kostbarkeit, die Katharina mit viel Liebe in der Schule gebastelt hatte. Natürlich erzählte mir Tho-mas solche Erlebnisse. Trotz seinem Glauben an Schick-sal war diese Wut einfach da. Das Leben presste ihn gegen die Wand und er war immer wieder sehr müde – die Mutter fehlte in solchen Augenblicken einfach! Tho-mas musste sich noch dazu so manches Mal im Tages-heim von den Betreuern anhören, dass er doch bitte mehr auf die Hygiene und saubere Wäsche der Kinder achten solle.

Ich lebte mit dem Gefühl, dass dieser Rhythmus – die Zeiten in Muttenz, meine Anwesenheit in der Werkstatt und die Zeit, die ich in meiner Wohnung verbrachte - ei-ne Lösung war. Wenn wir am Sonntag nach dem Mit-tagessen noch etwas gemeinsam machten, kam dann doch jedes mal der Augenblick, wo Thomas zu den Kin-dern sagte: „Jetzt lassen wir das Mami wieder in ihre Wohnung gehen." Da erlebte ich die Realität ganz klar – sollte es wirklich so weiter gehen?

Immer wieder versuchte ich meinen Frieden zu finden, indem ich riesige Puzzles auslegte, ein Buch las, meine Gedanken, mein Ringen, mein Zweifeln in Worte form-te. Die Situation schien mir immer wieder so verdreht –

und so war sie auch. Immer wieder kam der sarkastische Spruch: „Das Kind mit Kreditkarte." In diesen Momenten fühlte ich mich erst recht zwischen den Stühlen. Hatte ich das Recht gehabt, mich zu trennen? Hatte ich das Recht gehabt, eine eigene Wohnung zu nehmen? Die Schuldgefühle bedrängten mich immer wieder so stark, dass ich die Situation, das Leben gar nicht mehr ertrug.

Es gab immer wieder Elternabende, an denen ich zwar neben Thomas saß, Thomas von sich aber als allein-erziehender Vater sprach. Ich saß neben ihm, Mutter der Kinder, und war in so einem Moment doch ausgeschlossen. Mir galt vom Redner ein kurzer lächelnder Blick, der so viel hieß wie: „Das ist eben die psychisch kranke Mutter." Dann sagte Thomas, was er zu sagen hatte.
Gerade bei diesen Elternabenden wurde mir bewusst, wie bodenständige Thomas war. Er hatte die Fähigkeit, auf andere Eltern klar zuzugehen. Er stand Rede und Antwort vor dem Lehrer und vor jedem Menschen, der mit Fragen auf ihn zu kam. Kam jemand auf mich zu, schrumpfte ich meistens in mich zusammen. In diesen Augenblicken spürte ich vor allem, dass ich mich nicht heimisch auf der Erde fühlte. Die Atmosphäre, die ich am geschützten Arbeitsplatz erlebte war so anders mit jener, die ich an den Elternabenden spürte und in der ich mich wie verloren fühlte. Am liebsten hätte ich mich aufgelöst. In solchen Momenten half es manchmal, wenn ich mir vor meinem inneren Auge meiner Arbeit in der Werkstatt bewusst wurde, die mir Freude machte, so konnte ich mein Verloren-Sein auffangen. In vielen Momenten aber wurde ich mir brutal und schonungslos der Situation bewusst, dass ich nur einen kleinen Teil beitra-

gen konnte und Thomas alles managte, alle Termine parat hatte. Er kümmerte sich darum, dass die Kinder Mehrfahrtenkarten hatten, wenn sie mit dem Tram fahren mussten, organisierte den Alltag und stellte sich selber in den Hintergrund. Das Wohl der Kinder war für ihn an erster Stelle.

14. Kapitel: Schweigende Gleichgesinnte und Fremdheit der Nachbarn

Das Leben bestand für mich aus so vielen verschiedenen Ebenen und die Lebenskraft, die ich in der Stille des Morgens oder der Nacht spürte, wurde durch das Durcheinander, des lauten, schnellen Alltags, zerrissen. Wenn ich überlegte, in welche der vielen Welten ich gehörte, an welchen ich Teil hatte, fiel ich aus dem Zusammenhang. Es war für mich, als würde ein kostbarer Gegenstand, den ich berührte, und der alles enthielt, was ich brauchte, in tausend Splitter zersprang. Der Weg, auf dem ich schritt zerbrach und die Dunkelheit, die Angst bedrohte, bedrängte mich. Das Leben kam oft viel zu schnell auf mich zu und ließ mir keine Zeit, den Moment, der etwas von mir wollte, zu ertasten. Ich wurde schlichtweg überfahren. In solchen Momenten hatte ich eine riesige Wut auf das Leben. Aber wem sollte ich diese Wut abgeben? Wohin mit diesen dunklen Gedanken? Ich konnte nicht begreifen, was ich auf dieser Welt, mit diesem Leben machen sollte. Die Frage an eine Zukunft zerplatzte noch bevor ich sie richtig gedacht hatte. An was sollte ich mich halten, was gab mir Sicherheit? Gerade in den Abendstunden fühlte ich mich mit dem schweigenden Mond und den Sternen innig verbunden. Sie sprachen für mich so viele unsichtbare, unhörbare Worte aus. Ich fühlte mich diesem Teil des Lebens, der Nacht mit ihrer Ruhe, ihrem Frieden so viel näher als dem Tag.

Es gab noch eine andere schöne Tätigkeit, in der ich meine Ruhe fand, es war die Gartenarbeit. Ich verbrachte oft den Samstag damit, auf dem Balkon die Pflanzen zu pflegen, verwelkte Blätter oder Blüten zu entfernen. Das war für mich Seelenarbeit. Die Notwendigkeit dieser Tätigkeit lag auf der Hand. Ich berührte Erde, ich war Mutter Erde ganz nahe. Diese Arbeit gelang mir auch, wenn alle Energie weg war, wenn ich keine Motivation fand, dem Leben zu begegnen. Als ich an einem Sonntagnachmittag in Muttenz am Balkon Pflanzen jätete, fiel es mir wie Schuppen von den Augen, als ich in meine Wohnung kam. Da war keine Pflanze auf dem Balkon. Ich hatte bis zu diesem Zeitpunkt nicht realisiert, dass ich auch in meiner eigenen Wohnung Pflanzen pflegen konnte. Ehrlich gesagt erschreckte ich, hatte ich doch gespürt, wie viel Energie aus der Beschäftigung mit Erde und Blumen in mich strömte. Diese Beschäftigung war schweigende Kommunikation. Es brauchte keine Worte, da war einfach Verbundenheit, Mutter Erde rieselte als Erde durch meine Hände, Knospen erblühten und trugen in sich das Wunder des Lebens und Hoffnung. Die geheime Lebenskraft wirkte. So begann ich Pflanzen zu pflegen, zu beobachten. Es war intensives Sein, es war Achtsamkeit, es war Anteilnahme am Augenblick. Immer aber, wenn ich mit meiner Familie in Urlaub fuhr, wurde mir bewusst, dass ich keinen Kontakt zu Nachbarn pflegte und so war niemand da, der die Pflanzen gießen konnte. Wenn ich vom Urlaub zurückkam, waren alle Pflanzen vertrocknet. So wurde mir v. a. in diesen Augenblicken meine Unfähigkeit bewusst, menschliche Kontakte außerhalb der Werkstatt zu pflegen.

Ich griff aber auch gerne zur Geige. Sehr gerne spielte ich Bach-Solo-Patiten. Sie waren für mich lebensnah. Sie variierten von einfachen Melodien über schwierige Passagen, die für die Finger herausfordernd waren. Vor allem berührten mich die Harmoniewechsel. Sie waren meinen Stimmungsschwankungen so verwandt. Wenn ich sie spielte, hatte ich das Gefühl, mich mit Lebenskraft aufzuladen. In solchen Momenten fühlte ich mich begleitet, getröstet. Ich spürte förmlich die Engel neben mir.

Ein ganz anderes, schwieriges Thema, das immer wieder kehrte, war der Umgang mit unseren Nachbarn. Thomas pflegte Nachbarschaft, erzählte von Ereignissen, für ihn waren diese Gespräche, dieser Austausch gar nicht schwierig. Ich hatte diese Bodenständigkeit nicht in mir. Zwischen den Nachbarn und mir war immer wieder eine große Barriere. Ich war in einer ganz anderen Welt zu Hause. Meine Welt waren die Märchen. Ich fühlte mich vor einer brennenden Kerze geborgen. Mich trösteten Worte von Goethe. Diese Jahre zwischen meiner Wohnung und unserem Haus in Muttenz waren wie ein Kreisverkehr, bei dem ich die rettende Ausfahrt einfach nicht fand.

15. Kapitel: Veränderte Aufgaben und überlagerte Welten

Die beiden Nachmittage, an denen ich ursprünglich für meine Kinder in Muttenz gewesen war, waren inzwischen mit Arbeiten im Haushalt gefüllt. Die Kinder hatten sich zum Teil von mir abgelöst. Ich war einfach da und wenn die Kinder wirklich etwas von mir wollten oder ein Spiel vorschlugen, dann war dies immer wieder eine kleine Sternstunde. Auf meine Frage an Thomas, ob es keine Arbeit gebe, in der ich ihn unterstützen könnte, schlug er mir vor, den Abfall am Dienstagnachmittag aus allen Kübeln zu leeren, denn am Mittwoch war immer Kehrichtabfuhr. Dann musste Thomas diese Arbeit nicht mehr machen. Für mich war dieser Vorschlag ein Witz, beinahe eine Demütigung. Ich wollte eine Arbeit übernehmen, die für mich Sinn machte. Doch ich einigte mich mit meinem Therapeuten, dass dies eine Aufgabe im Kleinen war, im Alltäglichen. Das Schicksal forderte mich immer wieder auf seine geheimnisvolle Weise heraus.

Rückblickend wird mir bewusst, dass sich alle Welten, in denen ich gleichzeitig lebte, unter- und miteinander vermischten. Für mich, und wahrscheinlich für manch andere sensible Menschen, gibt es verschiedene Welten, die als verschiedene Ebenen erlebt werden. Dies sind für mich jene Welten des seelischen Erlebens, die leider all zu oft von Gesetzen und Vorschriften überlagert werden. Zudem spüre ich die Welt des emotionalen, befreienden Austausches, wobei es leider allzu oft geschieht, dass sich ein Mensch zu einer anderen Meinung überreden lässt, und sich „über den Tisch gezogen" fühlt.

Eine ganz andere Welt ist jene der Dichtung, der Poesie, der Musik, der künstlerischen Ebene, die uns in schwierigen Situationen immer wieder helfen kann und uns immer wieder überleben lässt. Leider wird diese Welt oft zerschlagen, durch unnötige Abklärung, die von Fachleuten sehr wohl wichtig scheint, unmenschlich tönenden Vorschriften, die Freude in Unverständnis und Wut verwandelt und immer wieder wie eine Sience-Fiktion-Welt erscheint. Da ich an einem geschützten Arbeitsplatz arbeitete und von der IV-Rente lebte, wurde ich von diesen Welten überfahren, sie überforderten mich. Immer wieder spürte ich bei Begegnungen mit Eltern oder Lehrern, wie fremde Energie mich bedrängte in einer Geschwindigkeit und Macht, als würde eine Schneelawine auf mich zu kommen. Oft geriet ich in solchen Augenblicken in Panik. Immer wieder spürte ich, wie sich in solchen Momenten der Überforderung meine innere Welt als Schutz vorschob. Ich spürte dann, wie mich die Menschen ansahen – als sei ich nicht ganz bei Trost. Diese Augenblicke waren für mich die schwierigsten. Da spürte ich, dass ich eigentlich gar nicht wirklich dazu gehörte. Da konnte jemand noch so oft sagen, ich sei trotz allem doch die Mutter. An Elternabenden oder Elterngesprächen spürte ich überdeutlich, dass ich abseits stand, dass ich zwar versuchte, mein Leben positiv zu gestalten, aber trotzdem ganz am Rand stand – eigentlich außerhalb. Mein Therapeut hatte mir am Anfang unserer therapeutischen Gespräche einmal gesagt, mein Leben würde durch meine spezielle Situation nach anderen Gesetzen verlaufen. Hier spürte ich diese Aussage überdeutlich bestätigt.

Diese Einsicht, außerhalb zu stehen, traf mich immer wieder wie ein Faustschlag. Ich musste leben, ich hatte in meiner Werkstatt einen Ort gefunden, der dafür garantierte, dass mein Alltag – zumindest in den Zeiten der Arbeit – in klaren Strukturen verlief. Außerhalb dieser „Schienen" fühlte ich mich aber oft hilflos – und es gab nirgendwo Halt. Zwischendurch fand ich diesen in rettenden Gedanken, aber diese lösten sich immer wieder wie Rauch auf. In den therapeutischen Sitzungen war es immer wieder ein Thema, mein „Sein" zu bündeln. Ich hatte immer wieder das Gefühl, mir einreden zu müssen, dass das Sein in diesem Leben Sinn hatte. .Es ging also nicht nur um die Zeit in der Werkstatt, in der ich mich wie ein Kletterer mit einem Seil sicherte, sondern es betraf den Alltag, manchmal jede Minute Zwischen diesen „Inseln des Vertrauens" hatte ich immer wieder das Gefühl, mich um die Frage und das Ringen des Lebendig-Seins zu drehen.

Neben diesem Ringen gab es aber auch immer wieder klare Aufgaben. Ehrlich gesagt haderte ich jedes mal, wenn ich der Welt begegnen musste, mit dem Leben. Und doch wollte ich vom Leben heraus gefordert werden. So gab es zwischendurch Termine, an denen ich z. B. mit Katharina zum Arzt gehen musste – ich hatte dies mit Thomas vereinbart, um ihn zu unterstützen. Ich fühlte mich nicht wie das Mami von Katharina, sondern ich spürte immer wieder eine fremde Atmosphäre im Augenblick, wenn ich die Klasse betrat und eine Mitschülerin zu Katharina sagte: „Schau, Dein Mami ist da". Meine Welt war eine so ganz andere. In solchen Momenten spürte ich, dass ich ja eigentlich gar nicht ein Teil der

Familie war. Durch mein Getrennt-Leben bekam ich immer nur einen Bruchteil mit. Ich stand wie fremd daneben. Und trotzdem hatten wir die Abmachung getroffen, dass ich für Thomas ungünstige Termine übernahm. Auch rief mich Thomas an, wenn Katharina krank war und bat mich, ihr das Mittagessen zu kochen. Es gab ganz krasse Augenblicke – wenn ich etwa zur Türe hinein kam und Katharina mich mit den Worten begrüßte „Hallo, du Kuh". Natürlich hatte sie eine unglaubliche Wut, dass sie auf ein Mami, das für sie immer da war, verzichten musste und dass ich ihr auch noch in manchen Augenblicken ihr Verhalten zu korrigieren versuchte.

16. Kapitel: Auftanken in stillen Oasen und gegensätzliche Pole

Es gab aber auch gute Stunden. Die schönsten Stunden des Tages waren für mich die des frühen Morgens, wenn die Stille der Welt zu spüren war, in der Dämmerung, bevor der Lärm des Alltags die Stille durchbrach. Die Dämmerung am Morgen als auch am Abend waren die Zeiten, in denen der Himmel die Erde küsste. Vor allem das Aufgehen der Sterne und das Licht des schweigenden Mondes waren für mich ein Geschenk. Mit dieser Kraft atmete ich. Sobald der Alltag begann, zerbrach die Magie der Stille. Dann kam die Unruhe, die unnötige Hektik, der Lärm.

Ich fand diese Magie aber auch in der Werkstatt. Ich musste aber darum kämpfen. Es ging in diesen Momenten darum, ganz bei mir zu bleiben, mich in meiner Tätigkeit zu spüren, mich in einem magischen Raum mit meiner Arbeit, meinen Worten, meinen Formenzeichnungen zu finden, dieses Sein mir zu erkämpfen. Die Werkstatt war und ist für mich wie ein Gefäß. In diesem schützenden Raum verbinde ich mich mit meiner Arbeit. Jede dieser Tätigkeiten ist für mich wie ein Schutzraum inmitten der vielen Menschen, die mittlerweile in unserer Werkstatt arbeiten.

Es gab aber auch schwierige Augenblicke in der Werkstatt. Ich erlebte immer wieder Menschen, die durch einen Unfall gezwungen waren, ihrem Leben eine andere Richtung zu geben. Durch die IV-Stelle erhielten sie dann die Möglichkeit, für eine gewisse Zeit zu einer Abklärung in unserer Werkstatt zu arbeiten. So wollten sie spüren, ob z. B. der Beruf des Sozialpädagogen für sie in Frage kam. Da mein Wunsch, seelsorgerisch zu arbeiten, immer wieder für mich ein Thema war, fragte ich mich, ob dies nicht doch noch für mich eine Türe werden könnte, um meinem Leben eine neue Richtung zu geben. Doch ich musste dann schmerzlich erkennen, dass schon der Ort der Werkstatt an einem geschützten Arbeitsplatz für mich immer wieder eine Überforderung war. Ich spürte die verschiedenen Welten der unterschiedlichen Menschen durch mich hindurch gehen und es war die enorme Herausforderung, meine Ruhe zu finden in der Arbeit, die ich gerade machte. Diese Erkenntnis war für mich unglaublich schmerzhaft und in mir entstand enorme Wut auf das Leben. Mein Therapeut hatte mir einmal gesagt, ich müsste mich bescheiden und verzichten – und immer wieder gelangte ich zu diesem Punkt.

Es ist für mich in vielen Augenblicken sehr schwierig, dass Thomas das tägliche Ringen und Kämpfen mit den dunklen Dämonen nicht kennt. Thomas hat zwar seine Angehörigen-Gruppe, in denen er Gleichgesinnte gefunden hat und die er schon oft las Therapie bezeichnet hat. Doch ich vermisse unglaublich den Austausch auf Augenhöhe, so wie ich ihn in der Werkstatt erlebe. Vor allem vermisse ich es, wenn es um das Thema der Todessehnsucht geht, dieses Thema, das mich in vielen Augenblicken dermaßen stark bedrängt hat und mich auch heute noch bedrängt und mich in manchen Momenten praktisch nicht mehr leben lässt.

Die Annäherung an meine Familie zog sich unglaublich langsam dahin. Eigentlich wusste ich gar nicht, wohin ich mich bewegen sollte. Ich fühlte einen sehr phlegmatischen Wesenszug tief in mir. Ich glaube, das Wissen, auf diesem Planeten nicht zu Hause zu sein und mich doch damit arrangieren zu müssen, machte mich unglaublich müde. War ich bei meinen Kindern in Muttenz und spielte mit ihnen, so fühlte ich mich in so manchen Augenblicken eher wie ihre ältere Schwester als wie ihre Mutter. Bei allen anderen menschlichen Kontakten wie bei Gesprächen mit Lehrern, Kinderärzten oder bei Behörden erlebte ich das Leben wie einen Albtraum. Bei diesen Begegnungen spürte ich unglaublich stark, dass ich ganz sicher nicht von dieser Welt war. Ich spürte vor allem bei Arztbesuchen mit Katharina und bei dem Gang auf Behörden die dunkle, bedrängende Energie, die Kälte und die Schubladisierung. Vor allem erlebte ich eine unglaubliche Kluft, wie eine Talsenke zwischen zwei weit von einander entfernten Felsen. Mein Mann hingegen war ganz klar, hatte die Zusammenhänge parat und stand auf sicherem Boden. Gott sei Dank für die Kinder. Gerade in solchen Augenblicken aber wurde mir bewusst, wie hilflos ich immer wieder auf diesem Planeten auftrat. Ich lebte in meinen Gedichten, in der Musik, in der Natur, zwischen den Sternen am Himmel Dort war ich zu Hause und dort fühlte ich mich wohl . Das alltägliche Einerlei war Gefängnis, war Qual. Ich wollte fliehen, mich verstecken – aber ich musste weiter leben.

Trotz den immer wiederkehrenden Differenzen mit meinem Mann war der gemeinsame Urlaub für mich dann doch eine Erleichterung. Wir verbrachten im Jahre 2009 zwei Wochen auf der Insel Rügen und danach noch zwei Wochen im Chalet im Grindelwald. Wäre ich alleine in Basel geblieben, hätte ich zwei Wochen lang die vielen Stunden zwischen Werkstatt und Nachtruhe für mich selber verbringen müssen, vor allem wäre ich an den Wochenenden alleine gewesen und so auf mich selber zurück gefallen. So wusste ich, dass die Zeit ausgefüllt war.Vor allem wusste ich, dass ich trotz der Tatsache,dass wir „aneinander klebten" und uns immer wieder gemeinsam aushalten mussten, klare Tätigkeiten zu tun hatte. Die Ferien waren eine Zeit, in der wir gemeinsam mit dem Flugzeug an einem Ort – meist ein All Inklusive Hotel – drei Wochen lang blieben. Ich konnte nicht eines Tages die Koffer packen und mich entscheiden, alleine zurück zu fliegen. Um diese Zeit möglichst gut auszuhalten, sorgte ich dafür, dass ich Papier, Bleistift und Buntstifte mitnahm, um in der Zeit, in der ich in meinem meine Auszeiten hatte, jene Tätigkeiten machen konnte, bei denen ich mich wohl fühlte. So zeichnete ich geometrische Figuren, schrieb mich frei oder zeichnete Formen wie die liegende acht, die ich mehrere Minuten gleich einer Meditation auf dem Papier nachfuhr. Ich nahm auch Märchenbücher oder andere Literatur mit. So war ich in meiner eigenen Welt und konnte ganz bei mir sein, war dann aber auch wieder fähig, mich meiner Familie zu zuwenden und gemeinsam etwas zu unternehmen.

17. Kapitel: Zwei unterschiedliche Menschen auf verschiedenen Planeten

Im gemeinsamen Urlaub gab es aber auch schwierige Momente. So war ich immer wieder dem beißenden Humor meines Mannes ausgesetzt. Er bezeichnet sich selber als „Sprüchhufe" und es kann sein, dass er auf eine tiefgründige Bemerkung von mir nur einen humorvoll-ironischen Spruch als Antwort gibt. Das kann für mich oft unglaublich verletzend sein. In manchen Momenten schaffte ich es auch, über mich selber zu lachen, also eine humorvolle gemeinsame Ebene zu finden. In diesen Augenblicken war es dann möglich, dass eine unglaubliche Wärme zwischen uns entstand. Es war irgendwie eine enorme Herausforderung, meine sichere Burg zu öffnen und meine Familie in meinen Bereich hinein zu lassen. Es war immer wieder diese Gratwanderung, wann die Kinder mich beanspruchen wollten und wann ich spürte, dass ich nun Rückzug brauchte. Dies war eine höchst intensive Zeit. Dies war aber auch mein Lebensmotto – wenn ich schon leben musste, dann wollte ich intensiv leben.

Das Verständnis meines Mannes, das vor allem durch seine Angehörigen-Selbsthilfe-Gruppe entstanden ist, ist ein Teil der positiven Seite, die die Annäherung möglich machte, die es uns ermöglichte, näher zueinander zu rücken. Es gibt aber auch die andere Seite, die es immer wieder schwierig macht, dass Thomas meine Welt oder meine Welten, mein Ringen nicht kennt. Er liest zwar meine Gedichte in der Angehörigen-Selbsthilfe-Gruppe vor, aber er kann sie nicht nachvollziehen. Sein manchmal beißender Humor über meine Ausrutscher, meine Schwermütigkeit ist zwar verständlich, weil es für ihn immer wieder zu viel an Dunkelheit ist, die ihm von mir entgegen kommt, aber ich erlebe ihn immer wieder respektlos. Diese beißenden Sprüche gehören zu Thomas dazu, leider erlebe ich diesen Humor in vielen Momenten als Spott, was das Leben nicht unbedingt leichter macht. Spott hat für mich eine dunkle Energie und dadurch ist die Gefahr groß, dass die dunklen Kräfte in mir – die Dämonen – angesprochen werden und meine Stimmung, die vor wenigen Augenblicken noch voller Leichtigkeit war, in einen dunklen Abgrund fällt. So werde ich dann ungenießbar für Thomas und meine Kinder und ich muss mich mit aller Kraft wieder zur hellen Seite des Lebens hinauf hangeln, was unendliche Energie braucht.

Es gibt noch andere Augenblicke, die unsere Verschiedenheit zeigen. Thomas ist ein Mensch, der alles dokumentiert, was er sieht und so nach außen kommuniziert, was er denkt, sieht und hört. Er glaubt auch nur das, was er selber sieht, hört oder erlebt. Bei mir ist es genau umgekehrt, ich erlebe etwas, ohne es zu dokumentieren, sehe etwas ohne es zu erzählen. Das kann in manchen Momenten unglaublich harzig werden. Wenn ich etwas sehe, höre oder wahrnehme, so geschieht dies wortlos. Ich kommuniziere also ohne Worte mit der Natur, freue mich wortlos über den Sonnenaufgang, bin in mir berauscht über den Schein einer neuen Kerze. Das wirkt dann auf Thomas so, als hätte ich dies gar nicht wahrgenommen. Er interpretiert mein Verhalten so, als wäre ich mit meinen Gedanken völlig abwesend. Er kann natürlich nicht wahrnehmen, dass ich etwas schon längst gesehen habe, was er erst Minuten später sieht. Er kann nicht wissen, dass ich etwas gehört habe, was er Augenblicke später hört. So fühle ich mich immer wieder missverstanden, ungerecht behandelt. Ich bin die Schweigsame, Thomas der Mitteilsame. Manchmal kann dies zu unnötigen Streitigkeiten führen. Sein Erstaunen, dass ich dasselbe, was er sieht oder hört schon Minuten vorher wahrgenommen habe, bringt mich immer wieder in Rage. Eigentlich ist dieses Aufgebracht-Sein völlig unnötig, aber ich fühle mich immer wieder falsch beurteilt und von falschen Vorurteilen behaftet.

Für mich ist dieser unterschiedliche Zugang auf die Welt immer wieder der schwierigste Unterschied zwischen uns beiden. Von Kindesbeinen an war ich dieser Mensch, der schweigend beobachtet und dies als ganz natürlich erlebt. Nun habe ich einen Menschen geheiratet, der mit seiner Kommunikation ganz nach außen gerichtet ist. Zu einem Teil muss ich diese Abstriche akzeptieren, hat Thomas doch durch seinen Eintritt in die Angehörigen-Selbsthilfe-Gruppe und durch seinen Schritt als Gruppenbegleiter sozusagen das „Ufer" gewechselt. Für ihn ist der regelmäßige Austausch – jeden letzten Dienstag im Monat – wie eine Therapie. Er empfindet diese Welt der Betroffenen und Angehörigen interessant und vor allem fühlt er sich verstanden und unter „Seinesgleichen".

Meine regelmäßigen Therapie-Sitzungen – je nach meinem gesundheitlichen Zustand hatten wir Abstände von 6 oder 8 Wochen – und die regelmäßigen Paargespräche –

hier war der Abstand etwa alle 6 Monate – halfen mir natürlich auch durch diese schwierige Zeit. Die Kinder hatten weiterhin ihren kreativ-spielerischen und auch bastelnden Auffangort. Dort konnten sie alles verarbeiten, was die Zeit, die auch für sie sehr schwierig war, mit sich brachte. Wir waren auch immer wieder in lebendigem Austausch mit der Leiterin dieser Therapeutischen Begegnungen.

Ein wichtiger Teil in dieser ganzen schwierigen Zeit war natürlich meine regelmäßige Anwesenheit in der Werkstatt, in der ich heute noch arbeite. Schwierige Augenblicke wurden aufgefangen, neue Gedanken, die mehr Freiheit zuließen, wurden gemeinsam gefunden. Ich erlebte immer wieder warmherzige Anteilnahme in meinem Ringen, meinen täglichen - zum Teil großen – Stimmungsschwankungen. Hier muss ich erwähnen, dass ich für mich eine Möglichkeit entdeckt hatte, in meinem täglichen Ringen, im bedrängt-werden von allerlei Fragen, doch meine Ruhe zu finden. Wenn die Unruhe in mir zu groß wurde, fühlte ich mich wie ein See, dessen Sandgrund mit einem Stecken aufgewühlt wird. Der Sand wird aufgewühlt und es braucht einige Zeit, bis der See wieder ruhig ist, und der Sandgrund wieder sichtbar ist. So muss ich mich ganz auf den Augenblick konzentrieren, atmend in mir sein und warten, bis die Welt in mir wieder ruhig geworden ist. Die Angst, die sich in solchen Augenblicken beängstigend anstaut, löst sich mit der Zeit auf und ich habe wieder meinen Frieden in mir. Immer wieder fand ich den Zugang zu Märchen. Vor allem liebe ich jene von Christian Andersen und jene der Gebrüder Grimm. Sie tragen in sich eine gute Kraft und erzählen von einer Verwandlung. Wenn ich diese Atmosphäre in mir trage, fühle ich mich wie von einem Schutz umgeben und ausgefüllt.

Eigentlich wusste ich, dass das keine Lösung sein konnte, dieser Rhythmus in Muttenz, die Zeit für mich in meiner eigenen Wohnung. Ich wusste aber keine andere Möglichkeit. So blieb dieses Hin und Her über Jahre bestehen. Ich war nicht richtig in Muttenz und ich war nicht wirklich in meiner Wohnung. Wir erlebten gemeinsame Ferien. Ich musste mich arrangieren, eigentlich zwischen den Stühlen zu sein. Es war irgendwie eine Zwischenlösung. Nach allem, was Thomas mir immer wieder von seiner Angehörigen-Selbsthilfe-Gruppe erzählte, war ich am besten dran von allen Betroffenen. Ein großer Teil war sicher das Glück, dass ich meine klare Struktur hatte. Ein weiterer Teil war, dass ich einen Therapeuten habe, der mir immer wieder sehr half, die positiven Aspekte des Lebens in den Vordergrund zu stellen und jeden Fortschritt, jede Annäherung an die Familie, jeden gemeinsamen Urlaub sehr unterstützte. Für Thomas war es eine ganz klare Tatsache, dass dies sein Schicksal war. Er hatte seine Ansprechpartner zum Teil als Mitarbeiter an seiner Arbeitsstelle. Eine wichtige Austauschperson für Thomas war auch jene kreative Therapeutin, zu der unsere Kinder regelmäßig gingen und so Unterstützung fanden sowie die Möglichkeit, kreativ-spielerisch schwierige Themen anzusprechen.

Ich weiß nicht mehr genau, in welche Zeit jener Zimmerbrand gehört, an den ich mich noch mit großem Schrecken erinnere. Ich hatte die Angewohnheit, am Abend eine Kerze anzuzünden und dabei zu lesen. Die Kerze stand in einem Raum neben dem Schlafzimmer.

Ich glaube, es war ein Gesteck von Weihnachten, wobei die Zweige schon ganz dürr waren. Ich ließ die Kerze über Nacht brennen und blies sie am nächsten Morgen wieder aus. Eines abends war die Kerze schon ziemlich herunter gebrannt und die Zweige müssen über Nacht Feuer gefangen haben. Als ich am nächsten morgen die Türe zu diesem Zimmer öffnete, schlug mir Rauch und Asche entgegen, die in der Luft hingen. Die Unterlagen, die auf dem Tisch gelegen hatten, waren nur noch ein Häufchen Asche. Die Wände des Zimmers waren von Ruß geschwärzt. Der Versicherungsvertreter, der die Wohnung ansah und den Schaden abschätzte, sagte mir ganz klar, mein Verhalten sei grob fahrlässig. Da in dem Raum, in dem ich schlief, kein Schaden entstanden war, sagte der Versicherungsvertreter zu mir: „Gott sie Dank ist Ihnen nichts passiert." In mir schrie es aber „wäre ich doch verbrannt und gestorben." Die Todessehnsucht war in solchen Grenzsituationen immer wieder ganz vorne. Immer wieder war die Frage in mir – was wollte das Leben von mir, dass es mich solche Situationen überleben ließ, in denen andere gestorben wären? In dieser Hinsicht war das Leben für mich immer wieder ein Mysterium. Ich erzählte, dass ich IV-Rentnerin sei und an einem geschützten Arbeitsplatz arbeitete. Als der Versicherungsvertreter mir die Summe sagte, mit der ich meine Wohnung versichert hatte, wurde mir bewusst, dass ich diese Wohnung nicht neu versichern lassen hatte. Sie war größer als die erste Wohnung. Natürlich lag die Versicherungssumme unter den Kosten, die der Schaden verursacht hatte. Ich weiß nicht, welche Erkenntnis ein größerer Schock war – der Schaden, den der Brand angerichtet hatte oder der Augenblick, in dem ich durch die viel zu geringe Versicherungssumme erkannt hatte, wie weit ich von der greifbaren Realität entfernt war und aus welch dünnem Eis ich stand. Gott sei Dank zeigte der Versicherungsvertreter große Menschlichkeit und die Versicherung kam für den Schaden auf – ich kam mit dem Schrecken davon.

Auch in vergangenen Jahren hatte ich immer wieder Unfälle überlebt. Oft hörte ich den Satz: „Da haben Sie unsagbares Glück gehabt, andere sind dabei schon gestorben." Das Groteske an der Situation war, dass mein Wunsch, ins Jenseits zu gelangen meist viel stärker war als jener, auf der Erde weiter zu leben. Wusste denn die geistige Welt diese Tatsache nicht? Hier stand immer wieder Fragezeichen hinter Fragezeichen. Eines Tages werde ich vielleicht eine Antwort erhalten.

Beide Kinder waren nach wie vor im Tagesheim, zu jener Zeit, wo ich eigentlich als Mutter zu Hause hätte sein sollen. Diese verdrehte Tatsache war mir natürlich bewusst. Zu Hause war niemand, die Kinder konnten daher keine Freunde nach Hause bringen. Vor allem Katharina fand ihre Familie im Tagesheim. Seit sie zwei Jahre alt war, waren ihre Freunde die Betreuer und die anderen Kinder im Tagesheim. Dort konnte sie Fußball spielen, eine Leidenschaft, die sie schon früh begann. Katharina war und ist kein Clubmensch, sie möchte selber entscheiden, zu was sie „Bock" hat. Sie ist ein sturer Kopf. Im Tagesheim fand sie immer ein offenes Ohr für alle Neuigkeiten über Spieler, über den Punktestand eines Spieles und nahm immer ein Fußballtenu eines bevorzugten Landes mit.

Ihre zweite Leidenschaft war und ist „4 gewinnt". Hier ging sie meistens als Gewinnerin nach Hause. In ihre Welt gehörte und gehört auch heute noch das sammeln von Buntstiften, die je nach Größe mit einem Lineal abgemessen werden und in Klassen oder in die Zaubererhäuser von Hogwarts aus dem Buch „Harry Potter" eingeteilt werden.

Johannes hingegen war als kleiner Junge ein Pflanzenliebhaber, der alle Pflanzen benennen konnte und bei den „Wölfli" deshalb Bombadil genannt wurde – der Gärtner der Triologie „Herr der Ringe". Heute hat er sich viel mehr auf den Computer verlegt und hat sich damit ein großes Wissen angelegt. Thomas ist es zu verdanken, dass die Kinder in all den Jahren erhielten, was sie brauchten. Ich versuchte, in der Zeit, in der ich für die Kinder da war, ihnen zu begegnen, mit ihnen zu spielen. Katharina zeigte mir immer wieder mit bissigen Bemerkungen und teilweise verletzendem Humor, dass sie es gar nicht schön fand, dass ich als ihre Mami nicht ganz bei ihr und für sie da war. Das Korsett, der Rhythmus jener Tage, an denen ich bei meiner Familie war, stimmte für mich nicht wirklich. Ich versuchte mir einzureden, dass es doch eigentlich eine gute Lösung war. Und doch spürte ich ganz klar, dass ich etwas verändern wollte. Doch was nur – meine Wohnung war ja noch da. Ich fühlte mich aber immer wieder sowohl in Muttenz als auch in meiner eigenen Wohnung wie nie wirklich da, es war immer wieder dieses Hin und Her. Es waren immer wieder diese Gespräche mit Thomas und meinem Therapeuten, dass ich ja doch ganz viel für meine Kinder tun konnte. Ganz tief in mir schrie es aber immer wieder auf, ich war immer wieder zwischen den Stühlen. Ich lebte auf der Erde und wollte doch schon befreit im Jenseits sein und musste täglich versuchen, mich in den Augenblick zu holen. Ich fand immer wieder Gartenarbeit in Muttenz, die mich beruhigte, die mich mit Mutter Erde verband. Die Natur war nicht wie ein Mensch, sie forderte keine Leistung. Gartenarbeit war und ist für mich Seelentätigkeit. Ich berühre die Erde, nehme die verwelkten Pflanzenteile weg und helfe den Pflanzen zu wachsen, nehme das Unkraut weg und pflege so das gesunde Wachstum. Ich muss nicht reden, mich nicht rechtfertigen, es gibt keine Missverständnisse. Es ist einfach eine ruhige, wohltuende Arbeit.

Die Achtsamkeit im Augenblick erleben – das gelang mir in der Werkstatt am besten. Dort machte und mache ich noch heute Arbeiten, welche aus der Ruhe heraus entstehen, in denen ich Lebenskraft spüre. Ich habe dort auch die Möglichkeit, die Dunkelheit nieder zu schreiben, mich also im Augenblick aufzufangen. Doch in verlorenen Augenblicken fühle ich mich auch dort unmündig, eingesperrt in das Leben, das ich akzeptieren muss und immer wieder versuche, diese Gedanken und dämonischen Strömungen an eine höhere Kraft abzugeben.

Ich war mir sehr wohl der grotesken Situation bewusst. Ich als Mutter hatte meine Struktur in meiner Werkstatt, es wäre für mich unmöglich gewesen, für die Kinder da zu sein. Ich brauchte ja selber einen Ort, an dem ich aufgehoben war. Ich erinnere mich noch an eine Geburtstagsfeier von Katharina. Sie hatte Harry Potter gelesen. Sie kannte alle Zaubersprüche auswendig. Da hob sie einen Bleistift, sagte eine Zauberformel und erklärte. „Ich zaubere jetzt, dass Du wieder gesund bist und nach Hause zurückkommst." So klar hatte Katharina das noch nie gesagt. All ihre Sehnsucht lag darin.

Immer quälender kam die Frage in mir auf, wie ich denn mehr Zeit mit den Kindern verbringen und so Thomas mehr unterstützen könnte. Gleichzeitig kam jedoch die Angst, wie ich meine Freiräume wahren könnte, wenn ich mehr in Muttenz wäre. Es waren immer wieder heftige Schuldgefühle und das Ungleichgewicht, das ich mir immer mehr bewusst wurde – wie viel Thomas für die Kinder tat und für die Kinder Verantwortung trug und wie hoch mein Anteil an Einsatz war. Ich erflehte eine Lösung, aber ich sah keine.

Eines Tages, als wir über meine Werkstatt, die Kinder, das Schicksal diskutierten, sprach Thomas einen Gedanken aus, der wie ein Wink für mich war. „Wenn ich pensioniert bin, dann wäre es mein Wunsch, dass alle zum Mittagessen um den Tisch versammelt sind". Mit dieser Bemerkung öffnete er eine Türe, die ich selber nie entdeckt hätte. Es fiel mir wie Schuppen von den Augen. Die Intuition legte mir den Gedanken in mein Herz „Ich könnte ja zur Familie zurück kehren".

Ich weiß nicht mehr genau, wann ich Thomas meinen Gedanken erzählte. Eigentlich war diese neue Möglichkeit wie eine Erlösung für mich. Nur – wann sollte ich wieder in Muttenz einziehen? Zuerst sahen Thomas und ich den möglichen Zeitpunkt bei seiner Pensionierung, das wäre eine Wartezeit von drei Jahren gewesen – ich glaube, ich hatte Panik, meine Freiheit zu verlieren. Oh Gott – wird das gehen? Dieser neue Gedanke riss mehrere neue Überlegungen mit sich. Würde ich am Nachmittag noch in der Werkstatt arbeiten oder sollten wir beide für die Kinder da sein? Zuerst war große Unruhe in mir. Immer wieder – bei jeder neuen Frage – entstand in mir ein Hin und Her. So oder doch anders? Irgendwann kam ein Zeitpunkt, wo ich das Warten und die Frist von drei Jahren bis zu meinem Wiedereinzug nicht mehr aus hielt. Dann sah ich plötzlich die Möglichkeit, noch im selben Jahr nach Muttenz zurück zu kehren.

Mitten in diesem Ringen verbrachten wir im Jahre 2010 die letzten gemeinsamen Sommerferien vor meinem Rückzug nach Muttenz in Mallorca und anschließend zwei Wochen im Herbst in Grindelwald.

Die Entscheidung, noch im selben Jahr zurück zu kehren fühlte sich so an, als hätte dieser Gedanke schon lange hinter einem undurchsichtigen Vorhang gewartet – nur ich hatte nicht realisiert, dass ich ihn wegziehen konnte. Es war eine Überraschung für alle Menschen, die wir kennen. Als Katharina die Neuigkeit erfuhr, fragte sie mich „Spielen wir dann jeden Abend verstecken, Mami"?

Dann kam die letzte Frage auf – wann genau sollte ich zurückziehen. Dann machte Thomas den Vorschlag, es wäre doch schön, wenn ich Anfang Dezember wieder in Muttenz wäre, dann könnten wir Weihnachten zusammen feiern und ich hätte in Ruhe Zeit, mich neu einzurichten. Mein Zimmer hatte ich schon eingerichtet, seit ich diesen jahrelangen Rhythmus eingehalten hatte, der für mich wie ein Korsett gewesen war. In diesem persönlichen Bereich konnte ich mich zurückziehen. Ich war erleichtert über diesen neuen Gedanken. Ich war sieben Jahre getrennt von der Familie gewesen und nun sollte sich mein Weg verändern. Ich wurde von der Werkstatt sehr warmherzig auf meinem Weg zurück zur Familie begleitet.

Es war aber nicht nur einfach, zurück zu kehren. Thomas und die Kinder hatten in diesen sieben Jahren ihre eigene Welt aufgebaut. Nun kam ich dazu. Ich hatte sie nur teilweise miterlebt – diese gemeinsame Welt. Das Leben in mehreren Welten und das Bewusstsein, dass diese sich tägliche überlagerten, war und ist bis zum heutigen Tag enorme Herausforderung. Es war intensives Gespür notwendig, damit ich mich in die „richtige Welt einklinkte", um dem Leben auf der richtigen Ebene zu begegnen. Für mich war das immer wieder ein wahnsinnig anstrengender Prozess, vor allem wenn ich aus dem Gleis fiel und wieder Anschluss an das Leben finden musste. Was war der Sinn dieses Ringens? Diese Frage bedrängte mich oft und ich fand keine Antwort. Immer wieder musste ich und muss diese Frage auch heute noch an eine höhere Kraft abgeben.

18. Kapitel: Eine klare Diagnose
ohne Abklärung

Schwierig war auch immer wieder die Situation in der Schule. Thomas ist ein offener Mensch, der erzählte jedem Lehrer zu Beginn, dass ich psychisch krank war. So war die Situation zu Hause für alle Lehrpersonen von Anfang an klar. Wir erlebten aber nicht nur Wohlwollen und Verständnis dieser speziellen Situation gegenüber. Bei Johannes war offensichtlich geworden, dass er sich in seiner Welt versteckte und an seinem Initialstottern doch zeitweise litt, auch wenn es sich im Laufe der Jahre durch die Logotherapie, die immer wieder vom Logopäden vorgeschlagen wurde, verbessert hatte. Johannes hatte zudem Unterstützung von einem Heilpädagogen in schulischen Problemen. Zum Thema Schule hatte Johannes eine ganz klare Einstellung: „Dort lernt man sowieso nichts." So war er in Muttenz in der Welt des Computers zu Hause und baute sich ein großes Wissen über dieses Medium auf. Er verdrehte für sich die Welt immer wieder auf groteske, humorvolle Weise. Die Schule war für ihn eher Ballast als Bereicherung. Eines Abends wurden Thomas und ich zu einem Gespräch geladen, in dem wir ohne die Abklärung durch eine Fachperson mit der Tatsache konfrontiert wurden, Johannes leide am Asberger-Syndrom. Auf dem Tisch lagen Unterlagen zu Selbsthilfegruppen, Abhandlungen über dieses Krankheitsbild und ähnliches. Wir waren wie erschlagen und kein Mensch war beim Gespräch anwesend, der uns unterstützen oder uns helfen konnte. Wir wurden einfach überrollt. Alle Vertrauenspersonen, denen Thomas von diesem Gespräch erzählte, waren schockiert über diese Vorgehensweise. Johannes wurde in einer kinder- und Jugendpsychiatrischen Abklärung noch einmal getestet. Natürlich erzählten wir von diesem Gespräch, das ohne Abklärung eine Diagnose festgelegt hatte. Die durchführende Person dieser zweiten Abklärung muss mit allen beteiligten Lehrkräften gesprochen haben, denn dieses Syndrom wurde nie wieder erwähnt.

Meine Struktur der Werkstatt behielt ich bei. Die Kinder gingen auch weiterhin zur kreativen therapeutischen Begleitung. Es war nicht nur einfach, dass ihr Mami wieder zu Hause war. Mein Bestreben, meine eigene Zeit sinnvoll zu verbringen, versuchte ich auf die Kinder zu übertragen. Doch die Kinder hatten ganz andere Interessen und Wünsche. Dies musste ich leider oft erkennen. Ich schaffte es zwar zwischendurch mit Humor, den Kindern zu begegnen, doch ich musste immer wieder schmerzlich feststellen, dass die sieben Jahre, in denen ich in meiner eigenen Wohnung gelebt hatte, auch Chancen in sich getragen hätten, den Kindern etwas ganz persönliches mit zu geben. Diese wertvolle Möglichkeit hatte ich verpasst und nun sagten mir meine Kinder in ihrem Verhalten in manchen Augenblicken „Mami, Du warst sieben Jahre weg, nun kommst Du wieder, wir haben ganz andere Interessen". Es gab unglaublich schwierige Situationen, in denen ich mich ausgeschlossen von meiner eigenen Familie fühlte, einsamer als je zuvor. Ich hatte zum Teil versucht, mit Strenge nachzuholen, was durch meine Abwesenheit - von meiner Sicht aus - versäumt wurde. So gab es auch sehr harzige Momente, in denen ich mich verzweifelt fragte: „Warum um alles in der Welt bin ich zurück gezogen?"

Diese Gedanken befielen mich vor allem, wenn meine Schwermut, meine Unfähigkeit dem Leben mit Leichtigkeit zu begegnen, über mich wie eine Riesenwelle rollte. Dann musste ich wieder versuchen aufzutauchen. In solchen Momenten setzte ich mich z. B. an das Klavier oder ging auf den Balkon und suchte bei der Arbeit mit der Erde und den Pflanzen Trost und neue Kraft. Es gab aber auch gemeinsame Augenblicke entspannten Spielens, in denen wir eine Einheit waren und mich dieses Zusammensein auch beglückte. Ich war ins kalte Wasser gesprungen und musste immer wieder improvisieren – vor allem wenn der bissige Humor solche Ausmaße annahm, dass ich mich gegen die Wand gestellt fühlte und den Eindruck hatte, „abgewatscht" zu werden. Ich war zurückgekehrt, um meiner Familie näher zu sein. In solchen Augenblicken aber fühlte ich mich verhöhnt und verspottet.

Durch die Leiterin der therapeutischen Nachmittage für die Kinder erfuhr ich natürlich auch, dass ich im Gegensatz zu Thomas viel strenger war. Es war eine gewisse Angst der Kinder mir gegenüber da, sie gaben zu, dass sie nicht mehr alles tun konnten, was sie in der Zeit machen durften, wo sie mit Papi alleine in Muttenz waren. Für mich war es ein innerer Kampf herauszufinden, wie ich den Kindern begegnen sollte. Anstatt Annäherung erlebte ich eher Abweisung und Distanz. Ich wollte kein strenges Mami sein. Thomas hatte auf seine Weise die Kinder all die Jahre begleitet, hatte ihnen alles gegeben, was sie brauchten. Ich durfte mich nicht dazwischen drängen – und doch wollte ich meinen Kindern etwas mitgeben, was ich für wichtig ansah. Erst mit der Zeit merkte ich schmerzlich, dass ich vieles geschehen lassen musste. Die Kinder führten ihr Leben, sie improvisierten es so, wie das ihr Papi all die Jahre getan hatte. Er ließ die Kinder einfach machen. „Es kommt schon so wie es muss" – war seine Devise. Unsere Kinder erhielten, was sie brauchten und ihre Wünsche wurden erfüllt. Es war für mich eine unglaublich schwierige Schule, mich zurück zu nehmen und dann doch in Momenten präsent zu sein, in denen die Kinder mich brauchten. Es war die eine Realität, dass ich zurückgezogen war und nun am Ball des Geschehens war, nicht mehr getrennt in meiner eigenen Wohnung lebte und jederzeit meinen Teil beitragen konnte. Die ganz andere Realität war es, mich einzufügen in die Welt, die Thomas und die Kinder all die Jahre aufgebaut hatten.

Der Humor von Thomas war aber – trotz mancher extrem schwierigen Situationen - immer wieder Not-wendig. Gerade dieses existentielle Ringen war verbunden mit der Sinn-Frage. Thomas brauchte das humorvolle Gleichgewicht, wenn ich in meinem Ringen und meiner Schwermut versank. Und trotz diesem Wissen waren diese Augenblicke für mich von einer feindlichen Atmosphäre erfüllt. Ich war zurückgekehrt, war ins kalte Wasser gesprungen und musste in der neuen Situation schwimmen lernen. Ich hatte meine Wohnung aufgegeben, hatte mich auf die Möglichkeit gefreut, Thomas zu unterstützen und den Kindern nahe zu sein und fühlte mich in manchen unglaublich anstrengenden Momenten gefangen in meiner neuen Situation. Gott sei dank hatte ich in meinem Dachzimmer mein Reich, wo ich mich gerne vor eine brennende Kerze setzte und Trost sowie

Vertrauen daraus schöpfte. Ich hatte nach wie vor meine Puzzles, die für mich auch spannende Oasen waren.

Es gab natürlich schöne, berührende Augenblicke, auch wenn diese manchmal nur kurz waren. Dies ist immer wieder wichtig für mich, mir dessen bewusst zu sein, dass die schönen Augenblicke auch ihren Teil hatten. Manchmal waren sie so genial wie ein Regenbogen, so überraschend wie eine Sternschnuppe. Es gab auch immer wieder gemeinsame Augenblicke, die so wunderschön waren, dass sie alles Schwierige, was sonst auf mich zukam, wett machten.

19. Kapitel: Gemeinsame Ferien und eine unerhörte Schubladisierung

Wir verbrachten auch weitere gemeinsame Urlaube, die in sich gute, humorvolle und wertvolle Augenblicke trugen. So flogen wir im Jahre 2011 in den Sommerferien nach Djerba und verbrachten die Herbstferien in Grindelwald. Im Sommer 2012 verbrachten wir drei Wochen in Mallorca und im Herbst waren wir 2 Wochen in Grindelwald. Im Jahr 2013 waren wir im Sommer in Grindelwald und im Herbst zwei Wochen in Andalusien. Diese Zeit der Ferien war immer wieder ein Seiltanz. Einander nahe sein, die Zeit lockerer angehen, den eigenen Freiraum finden und das persönliche Reich erkämpfen.

Da wir oft gemeinsam die Kleider für die Kinder zusammen suchten und Katharina fragten, ob sie nicht Spielsachen mitnehmen wolle, erlebten wir dann doch zwischendurch entspannte Momente. Wenn ich mich bei Thomas entschuldigte für mein Verhalten, das aber einfach zu mir gehörte, sprach er den Satz aus „Wir wissen doch, wie's ums Mami stoht". Mit diesem Satz zogen wir immer wieder einen versöhnlichen Strich unter eine schwierige Zeit. Ich war nicht selten den Tränen nahe, weil ich mich in meinen Einbrüchen doch recht dem Leben ausgeliefert fühlte und dieser halb-ironische Satz doch ein Schmunzeln in sich trug.

Der Wunsch, nachzuholen, was ich in den letzten sieben Jahren verpasst hatte, war immer wieder groß – die Kinder standen aber wo anders. Ich musste meinen Platz mit viel Geduld finden, erkämpfen, erspüren. Das Leben der

Kinder hatte sich in eine andere Richtung entwickelt als ich das gewünscht hätte. Und immer wieder – manchmal täglich stand die Frage in mir ganz im Vordergrund – warum bin ich denn zurückgekehrt. Viel quälender aber waren die Fragen und die Einsicht, dass es eigentlich ein Verbrechen war, zwei Kinder in diesem frühen Alter alleine zu lassen. Aber es war nicht anders möglich gewesen. Ich muss diese Fragen immer wieder einer höheren Kraft übergeben. Das ist für mich immer wieder die große Herausforderung – diese vielen quälenden Fragen loszulassen. Immer wieder bedrängen sie mich.

Auch in den Gesprächen mit meinem Therapeuten spüre ich immer wieder, wie ich um Antworten zu vielen Fragen ringe, die sich mir aufdrängen. Meine große Wut gilt oft der Tatsache, dass der Boden, auf dem ich stehe, immer wieder bricht. Immer wieder versuche ich die Situation anders zu sehen, erhalte auch in Gesprächen in meiner Werkstatt neue Ansatzpunkte. Doch dieses ewige Ringen macht mich immer wieder unglaublich müde. Ich sehe mich als Lebenskünstlerin – ich habe immer wieder die Trapezkünstler im Zirkus bewundert, die sich von einem Trapez zur nächsten Stange durch die Luft jonglieren. Im Leben empfinde ich das auch so – nur gibt es da kein Auffangnetz. Auch vergleiche ich das Ringen und Zerbrechen der Lebenskraft wie jene Übung im Vita-Parcours, bei der die Hände an einer horizontal hängenden Sprossenleiter sich weiter hangeln, die Füße aber keinen Kontakt zum Boden haben.

Ich muss hier ganz klar sagen, dass Thomas meine Welt nach wie vor nicht nachvollziehen kann. Er erlebt den

Austausch in seiner Gruppe als Therapie. Aber ich kann mich nicht mit ihm über meine Welt austauschen. Es gibt immer wieder Augenblicke, in denen Thomas etwas erzählt und ich dabei sitze und nur zuhöre, ohne ihn anzuschauen, ohne etwas zu sagen. Nach wie vor ist er der festen Überzeugung, dass ich dann nichts mitbekomme. Manches mal ist es dann zwar wirklich so, dass sich meine innere Welt davor schiebt und ich wie abdrifte – dann bin ich wirklich wie durch einen Vorhang von der augenblicklichen Realität getrennt. In vielen Augenblicken aber höre ich schweigend zu, bin „ganz Ohr", ohne etwas dazu zu sagen. Dann ist es immer wieder unglaublich demütigend, wenn der Satz kommt „sie hat es tatsächlich gehört". Thomas erzählt mir immer wieder über die Betroffenen der anderen Angehörigen. Jeder und jede der Betroffenen hat die täglichen Kämpfe zu bestehen. Die dunklen Dämonen, die jedem Betroffenen und sicher auch jedem anderen Menschen im Wege stehen, sind von außen nicht ersichtlich. Oft erscheint es mir, als würden die Dämonen mit einem Lasso die Gedanken der Menschen einfangen und in Dunkelheit hüllen. Offensichtlich gehört dies zum Leben dazu. Redet man darüber, so ist es tröstlich. Erlebt man diese Momente, so fühlt man sich allzu oft diesen Kräften ausgeliefert.

Thomas sagt immer wieder, wenn wir halb lachend über das Leben und seine Stolpersteine reden, dass ich trotz allen schwierigen Augenblicken viel besser dran bin in meinem gesundheitlichen Zustand als andere Betroffene und es eigentlich erstaunlich ist, dass ich fähig bin, mich den Kindern zuzuwenden, Arbeiten im Haushalt zu erledigen und ein Zusammenleben mit der Familie möglich ist. Dies hängt sicher damit zusammen, dass ich täglich in meiner Werkstatt meine Struktur habe, ohne Zeitdruck und mit kreativen Mitteln arbeiten kann und so meine emotionale Gesundung finde. Einen wichtigen Anteil hat sicher auch mein Therapeut, der mir im gemeinsamen Gespräch aus seiner anthroposophischen Sichtweise Teilschritte und Teilerfolge der letzten Jahre aufzeigt, z. B. die Möglichkeit, dass ich fähig geworden bin, gemeinsam mit meiner Familie Urlaub zu machen oder die Tatsache, dass ich nach Muttenz zurückgekehrt bin.

20. Kapitel: Improvisiertes Leben und klare Wege unserer Kinder

Mein Dasein in Muttenz ist ein tägliches Improvisieren. Thomas sagte einmal: „Durch Kinder wird das Leben erst spannend. Man weiß nie im Voraus, was entsteht." Improvisiert jemand aus einem Instrument so ist auch nicht ersichtlich, wohin die Melodie ihn führt. Oft ist so eine Melodie aber sehr lebendig, sehr bewegt. Auch das Leben ist so, wenn ich versuche, es geschehen zu lassen. Das Bild des Seiltänzers ohne Auffangnetz ist immer wieder ganz präsent in mir. Es braucht immer wieder unglaubliches Gespür, dem Leben humorvoll zu begegnen und zugleich das Steuer einer höheren Kraft zu überlassen. Ich beschäftige mich immer wieder mit dem Thema des Clowns, der Fähigkeit, das Leben von der heiteren Seite zu sehen. Das ist auch immer wieder eine tägliche Herausforderung, der ich mich stellen muss. Hier muss ich betonen, dass meine Kinder sehr humorvoll sind. Thomas sagt immer wieder etwas bissig zu mir: „Um Dich herum braucht es Humor – und die Kinder haben den Humor Gott sei Dank von mir". Dahinter aber steht immer wieder meine innerliche Frage - darf meine Schwermut nicht auch sein, die sich doch auch immer wieder in clownesken Humor verwandelt und so auch wieder Leichtigkeit zulässt.

In meiner Werkstatt habe ich immer wieder Austausch mit Gleichgesinnten, die meine Ansicht teilen und die vielen Grenzen kennen, an die ich täglich stoße. Komme ich dann nach Muttenz, merke ich erst, wie verschieden die Welten sind, in denen Thomas und ich leben. In so manchen Momenten leide ich darunter, da das Sein in der Werkstatt und das Sein in Muttenz sich so verschieden anfühlt, als wäre eine Bühne wie in einem Theater für die nächste Szene gewechselt worden oder als hätte ein Mensch eine ganz andere Kleidung angezogen und verströmt nun eine völlig andere Atmosphäre. Da ich aus den unsichtbaren Welten heraus lebe und diese auch zum atmen brauche, muss ich mir immer wieder sagen – ohne die klare und bodenständige Art von Thomas würden unsere Kinder nicht alles bekommen, was sie brauchen. Und trotzdem ist Thomas froh, dass ich ihn unterstütze, dass ich die Gartenarbeit liebe, dass ich das Bügeln der Wäsche übernommen habe, da diese klare Tätigkeit mich mit der Erde verbindet.

Als Thomas im Jahre 2014 pensioniert wurde, nahm er sich vor, für Katharina zu Hause das Mittagessen zu kochen. Thomas kocht leidenschaftlich gerne. Für Katharina hieß dies aber, dass die Zeit im Tagesheim ein Ende nahm. Katharina war aber zwölf Jahre an diesem Ort gewesen – es war wie ihre Familie und sie hatte dort ihre Freunde. Katharina fand diese Veränderung gar nicht lustig. Viele Menschen fragten sie, ob sie sich freue, dass der Papi nun für sie koche, doch Katharina war gar nicht glücklich. Da sie durch diese für sie traurige Veränderung schulisch stark nachließ und ihre Noten immer schlechter wurden, kam der Wunsch nach einer Abklärung auf, um zu sehen, wo Katharina stehe. Die Abklärung machte der Schulpsychologe, der auch Johannes abgeklärt hatte. Wir wurden anschließend zu einem gemeinsamen Gespräch mit Schuldirektor, Klassenlehrerin, Heilpädagogen und dem Schulpsychologen geladen.

Auch die Leiterin der kreativ-spielerischen Therapie war anwesend. Katharina wurde aufgrund mehrerer Tests als schwer depressiv dargestellt und uns wurde eine stationäre Behandlung in der Jugendpsychiatrie dringendst empfohlen. Hier muss ich bemerken, dass die Begleiter im Tagesheim Katharina ein wunderbares Gedicht geschenkt hatten, in dem sie sie als lebendiges, tolles Mädchen beschrieben hatten. Leider erzählten wir nicht von diesem Abschiedsgeschenk. Mehrere Menschen gaben uns aber den Tipp, wir sollten lieber in Zukunft darauf verzichten, die realen Verhältnisse zu erzählen – dass ich psychisch krank bin. Mehrere Menschen vermuteten, dass die Folgerung dieser Lehrkräfte auf die Tatsache meiner Erkrankung war, dass natürlich auch die Tochter psychisch krank ist. Thomas und ich können es auch heute noch nicht fassen, dass beide Kinder aufgrund des Wissens um meine psychische Erkrankung in Krankheitsbildern ohne vorherige Abklärung schubladisiert wurden.

Neben allen schwierigen Augenblicken haben Thomas und ich auch Gemeinsamkeiten, die wir pflegen und aus denen wir immer wieder Kraft schöpfen und das Begleitet-Sein durch eine höhere Kraft spüren. Diese Gemeinsamkeiten sind die Liebe zur klassischen Musik, die Tatsache, dass Engel unseren Weg begleiten, unser Glaube, dass eine wissende gute Kraft das Leben begleitet. Wir arbeiten gerne gemeinsam im Garten und genießen immer wieder einen Kinobesuch, gehen auswärts essen oder besuchen ein Kirchenkonzert. Das alltägliche Ringen, diese Dunkelheit, die mich immer wieder einholt, das Fremdsein auf der Erde, diese Barriere, die ich immer noch gegenüber den meisten Nachbarn erlebe – das ist ihm fremd. Vielleicht aber muss einer von uns auf beiden Beinen auf dem Boden stehen – damit die Kinder alles erhalten, was sie brauchen.

Inzwischen versuche ich, unser gemeinsames Sein in Muttenz als WG zu betrachten. Ich sorge mit den alltäglichen Arbeiten dafür, dass die Wäsche geglättet wird, dass der Kühlschrank und der sonstige Vorrat das bereithält, was die Kinder und Thomas gerne haben. Wir versuchen uns gemeinsam im Humor zu treffen. Es gibt immer wieder ein klares Wort – manchmal gibt es auch ein lautes Wort. Es gibt immer wieder sehr schwierige Augenblicke, es ist immer wieder wie ein Tanz auf dem Seil ohne Auffangnetz – den Kindern und Thomas versuchen nahe zu sein und ein offenes Ohr zu haben, wenn sie auf mich zukommen, meine Aufgaben in Muttenz wahrnehmen – und dann doch meinen Rückzug suchen. Ich vertraue auf eine höhere Kraft und spüre im Nachhinein, wenn ich vor einer brennenden Kerze das Leben an mir vorbei ziehen lasse, dass sie gewirkt hat. Das gemeinsame Leben in Muttenz ist nicht einfacher geworden – sicher aber intensiver. Ich werde auf jeden Fall meinem Lebensmotto immer wieder gerecht: „Wenn ich schon leben muss, möchte ich intensiv leben."

Trotz der Angehörigen-Selbsthilfe-Gruppe habe ich doch immer wieder das Gefühl gehabt, dass wir nicht auf Augenhöhe miteinander sprechen können. Thomas kennt meine Welt ganz einfach nicht. Er liest zwar meine Texte vor, aber wirklich nachvollziehen kann er sie nicht. So habe ich in manchen schwierigen Momenten wie gegen innere Gefängniswände gekämpft – mir fehlten Gleichgesinnte, mit denen ich über alltägliche Themen sprechen konnte. Diese Themen sind z. B. Die Tatsache, dass ich Mutter zweier Kinder bin und mich selber unmündig fühle, an einem geschützten Arbeitsplatz arbeite. Thomas sagt in solchen Augenblicken nur: „Das ist eben Schicksal." Natürlich hat er Recht, natürlich ist es Schicksal. Diese Aussage ist für mich aber kein Austausch, so wie ich ihn brauche. Seine Aussage klingt für mich so als würde er sagen: „Halt die Klappe." Es klingt aber auch wie eine Ohrfeige. Ein anderes Thema sind die Nachbarn, die sich zwar unter einander austauschen, unsere Familie aber offensichtlich meiden und aus dem Weg gehen. Ich fühle mich wie von einem anderen Stern und ich glaube, dass unsere Nachbarn mich auch so erleben. Immer wieder habe ich das Gefühl, zwischen verschiedenen Welten zu leben. Versuche ich das Leben intuitiv anzugehen, kehrt Ruhe in meine Seele.

Es gibt immer wieder Augenblicke, in denen eine unglaubliche Müdigkeit dem Leben gegenüber in mir ist. Dann wäre ich sehr froh, wenn ich eine Türe sehen würde, auf der „Notausgang" steht und durch die ich einfach in das Jenseits schreiten könnte. Doch dann muss ich mich immer wieder ganz ehrlich fragen – wäre mein Leben dann gelebt, könnte ich sagen „ja, das war's"? Nein, ich glaube nicht. Ich glaube und hoffe trotz aller Schwermut immer wieder, dass das Leben noch einiges für mich bereithält. Ich gehe zwar immer wieder auf hauchdünnem Eis und habe Angst, dass es einbricht und mich die Unruhe der dämonischen Kräfte verschlingt, aber ich finde auch immer wieder meine Oasen, die mich tragen, trösten, in den Armen wiegen.

Hier muss ich eine Aussage einer Frau erzählen, die in der Angehörigen-Selbsthilfe-Gruppe dabei ist. Nachdem Thomas eines meiner Gedichte vorgelesen hatte, sagte diese Frau über mich: „Sie schreibt wunderschön, aber sie hält sich nicht daran". Diese Aussage, die Thomas mir erzählte, traf mich sehr und nagt immer wieder wie ein Wurm in mir. Ich habe diese Aussage hinterfragt und habe für mich selber festgestellt, dass meine Gedichte die pure Lebenskraft in sich tragen. Sie entstehen, wenn das alltägliche Leben zur Seite rückt und ich mit den Wesenheiten hinter den Dingen schweigend kommuniziere. Sie strömen aus einer inneren Auszeit. Das alltägliche Leben aber ist eher wie ein Dickicht oder wie ein Eintopf. Da kann es sein, dass Unbedachtes ausgesprochen wird, dass sich die verschiedenen Welten mit ihren zwischenmenschlichen Dämönchen gegeneinander erheben. So kann manches heftige Wort, manche Provokation ein Duell ergeben, das sich in einer Ansammlung von dunklen Kräften zuspitzt. Anschließend gibt es immer wieder den Augenblick, an dem ich wie aus einem dunklen Traum erwache, zu mir komme und über mich selber erschrecke – welche dunklen Energien sich nun wieder in mir angesammelt haben. Immer wieder habe ich das Gefühl, auf einem Marathon unterwegs zu sein. Das Leben ist für mich an vielen Tagen dermaßen anstrengend, als würde ich eine höchst anspruchsvolle Wanderung machen.

Das Nachgefühl der Psychose ist für mich, dass ich mich immer wieder so fühle, als sei ich halb erfroren. Ich muss mich regelrecht zwingen, am Leben teil zu haben. Ich muss mich überwinden, unter Menschen zu gehen. Es ist für mich etwas anderes, täglich in meiner Werkstatt zu sein, wo jeder auf seine Weise kreativ ist und so eine gemeinsame Ebene vorhanden ist. Wage ich mich sonst unter die Menschen, so scheint das Leben immer wieder wie ein vielkantiger Kristall – jeder Mensch sieht und erlebt das Leben anders und ich fühle mich erst recht fremd, denn ich kommuniziere meist schweigend mit den „unsichtbaren Welten". So ist manches Gespräch mit Menschen doch ein „Bedrängt-werden", da die Welten, mit denen ich schweigend spreche, für mich aus Energien bestehen. Begegnet mir ein Mensch, so spüre ich seine Aura. Tauche ich im Gespräch in diese Energiezone ein, so erlebe ich Seelenverwandtschaft oder ich flüchte, da mir die Fremdheit Angst macht und ich Schutz suchen muss. Sobald in dieses Spüren von Energien Worte dazu kommen, wird das Leben für mich schwierig, Missverständnisse entstehen, Menschen kommen völlig unnötig in Wortgefechte und bekriegen sich. Die Lebenskraft, die ich noch Augenblicke zuvor gespürt habe, zerfällt und ich fühle mich nicht selten verloren, so als wäre ich auf der Erde eigentlich gar nicht zu Hause. Deshalb fühle ich mich oft viel wohler vor einem Buch, einem Puzzlespiel, mit der Geige beim Spielen einer Bach-Solosuite. Dies sind für mich die Auszeiten, vielleicht ist es auch zum Teil Weltflucht.

Als ich mich anmeldete, um in Muttenz als wohnhaft eingetragen zu werden, ging ich irrtümlich in Basel-Stadt auf das Meldeamt. Der Beamte merkte, dass ich am falschen Ort war und sagte: „Gute Frau, Sie sind auf dem falschen Planeten." Als ich dies Thomas erzählte, kam er aus dem Lachen nicht mehr heraus. Es ist immer wieder wirklich offensichtlich, dass ich mich nicht auf der Erde zu Hause fühle.

Auch heute gehe ich in meiner Werkstatt aus und ein, habe dort meine tägliche Struktur. Ich bin nach wie vor an einem geschützten Arbeitsplatz und lebe von der IV-Rente. Für manche Menschen ist es nur schwer nachzuvollziehen, warum ich nach so langer Zeit – mittlerweile sind es elf Jahre – immer noch an einem geschützten Arbeitsplatz bin. Es ist aber ein Ort, an dem ich jene Struktur, jene kreativen Mittel finde, die mir emotionale Gesundheit schenken, die mir von außen wie Leitplanken Stützen geben. Wäre ich zu Hause, so wäre das für die Kinder und für mich nicht gut. Ohne die Werkstatt wäre ich wie ein Spinnennetz, das in sich zusammen fällt – ich würde mich verloren fühlen. Auch heute spiele ich in der Werkstatt jeden morgen Klavier. Ich spiele klassische Werke von Schumann, Schubert, Beethoven und anderen Komponisten und erhalte immer wieder positive Rückmeldungen.

Als ich etwa die Hälfte dieses Berichts geschrieben hatte, bettelte mir Katharina die ausgedruckten Seiten ab. Ich hatte sie für Thomas ausgedruckt, damit er diesen Teil durchlesen konnte. Eigentlich wollte ich nicht, dass Katharina las, was in dieser ersten schwierigen Zeit geschehen ist. Irgendwie muss sie es dann doch geschafft haben, die Seiten an sich zu reißen. So geschah es, dass Katharina erfuhr, wie es mir damals ergangen war, wie schwierig diese Zeit für mich war. Thomas war immer wieder in telefonischem Kontakt mit jener Frau, bei der Katharina auch heute noch kreativ-therapeutische Begleitung erhält. Sie erzählte Thomas, dass Katharina meinen Bericht sehr genau durchgelesen hatte und zutiefst erschrocken war, dass „ihr Mami" so schwer krank gewesen ist. Zuerst war ich in Sorge, dass Katharina diese Zeilen gelesen hatte. Eigentlich aber war es eine Chance, denn nun konnte Katharina von sich aus bei der kreativen Begleitung erzählen, wie für sie diese Zeit gewesen ist.

Unsere Kinder sind inzwischen in der Pubertät. Sind die eigenen Kinder in der Pubertät, so ist diese Zeit für einen gesunden Menschen schon sehr schwer. Für einen Betroffenen aber ist dies manchmal kaum zu tragen. Es gibt so manche Augenblicke, in denen ich mich ziemlich ebenso schwankend erlebe wie meine Kinder dies in der Pubertät in sich spüren. Dann kommt mit aller Heftigkeit die Schicksals-Frage – warum in aller Welt habe ich Kinder? Vielleicht sind gerade die Kinder die Chance, nicht nur um mich selber zu kreisen, sondern jeden Tag klare Aufgaben und Verantwortung zu tragen. Jeden Tag schauen, dass tägliche Aufgaben gemacht sind, die in einem Haushalt ganz einfach erledigt werden müssen. Johannes ist mittlerweile 17, Katharina ist 15 Jahre alt. Als Johannes 16 Jahre alt war, fragte jene kreativ-therapeutisch arbeitende Frau, ob Johannes noch zu ihr kommen wolle. Johannes entschloss sich, diese therapeutische Begleitung zu beenden. Im Jahre 2013 erhielt Johannes durch seine Klassenlehrerin die Möglichkeit, in zwei Kochbetrieben in Pratteln an einem geschützten Arbeitsplatz zu schnuppern. Die Klassenlehrerin bestand darauf, dass Johannes in einem geschützten Bereich schnuppern sollte, da sie überzeugt war, Johannes würde in einem normalen Betrieb untergehen. Da Johannes beim Arbeiten sehr langsam war und die Gefahr bestand, dass er aufgrund seines Initialstotterns verspottet würde, war von Anfang an eine Lehre mit Begleitung der IV-Stelle geplant worden. Natürlich gab es ein Treffen mit der zuständigen Fachperson der IV-Stelle. Sie verhielt sich Johannes gegenüber sehr wohlwollend. Um die Fähigkeiten und Interessen von Johannes zu testen und seine Neigungen vertieft heraus zu finden, wurden in einer Schnupperlehre im Weizenkorn-Betrieb ab 1. August 2014 vier Bereiche von der Begleiterin der IV-Fachstelle geplant. Darin waren enthalten Logistik, Hotelbetrieb, Kochbetrieb und Schreinerei. Jeder Bereich dauerte drei Monate. In gemeinsamen Gesprächen, die jeweils am Ende einer Etappe geführt wurden, sollte der Bereich gefunden werden, in dem Johannes sich am wohlsten fühlte. Alle Beteiligten des Gespräches waren Johannes gegenüber sehr wohlwollend. Zu aller Erstaunen entschied sich Johannes am Schluss für die Schreinerei. Er hatte gespürt, dass er im Gegensatz zum Kochbetrieb bei der Holzarbeit am wenigsten Stress hatte. Am 1. August 2015 begann Johannes seine Lehre bei der Holzwerkstatt.

Auch für Katharina wurde eine gute Lösung gefunden. Jene Frau, bei der Katharina nun schon seit elf Jahren zur therapeutischen Gestaltung Begleitung erhält, brachte uns auf eine Schule bei Liestal, in der Katharina in einem Schulheim eingebunden sei in eine Gemeinschaft Gleichaltriger. Nach mehreren Gesprächen mit dem Lehrer und einem Mitarbeiter des Sozialdienstes von Muttenz und dem Heimleiter der Schule in Liestal wurden wir durch das Heim geführt. Nach einer Schnupperwoche, in der Katharina den Schul- und Heimbetrieb kennen lernte, entschloss sie sich, in diese Schule einzutreten. Nach einer Einführungswoche in der ersten Juliwoche 2015 begann für Katharina dieser neue Weg, der sich als sehr positiv herausstellte.

Ohne Familie und die täglichen Aufgaben, die damit für mich anfallen, wäre die Gefahr groß, dass ich mich um mich selber drehen würde. Jeder Tag ist eine enorme Herausforderung, dem Leben zu begegnen. Nach dem Aufstehen mache ich regelmäßig Eurhythmie-Übungen, mit denen ich meine Verbundenheit mit der Lebenskraft und den Zugang auf die Menschen stärke und gleichzeitig den persönlichen Bereich schütze. Thomas und ich genießen jeden Morgen zum Frühstück klassische Musik auf DRS 2. Es ist ein schöner Einstieg in den Tag. Wir können uns austauschen und manche Termine der Kinder planen oder persönliche Erlebnisse austauschen. Immer wieder begleitet mich ein Satz, den mein Therapeut zu mir gesagt hat, als ich zur Familie zurück gekehrt bin. „Nehmen Sie sich viel Zeit für sich selber!" Dieser Satz ist in manchem Moment eine große Herausforderung für mich. Gelte ich nicht als egoistisch, weil ich mich selber und meine Bedürfnisse in den Vordergrund, in den Augenblick ziehe? Und trotzdem muss ich immer wieder „auftanken". Dafür habe ich mein Reich, mein Zimmer im zweiten Stock unseres Hauses.

Es gibt immer wieder Augenblicke, da würde ich am liebsten alles hinschmeißen, da ist das immer wiederkehrende Ringen dermaßen zermürbend, ermüdend. Dann versöhne ich mich wieder mit dem Leben und erinnere mich an Worte von gleichgesinnten vielleicht schon längst verstorbenen Dichtern. Dieses Ringen scheint mir zeitlos und die hinterlassenen Worte trösten mich. Es ist, als würde ein Engel hinter einem Vorhang hervor treten und mir aufmunternd zulächeln.Dann geht nach einem inneren Orkan die Sonne wieder auf und ich erlebe bei meinen Arbeiten in der Werkstatt einen inspirierenden Augenblick, der Lebenskraft in sich trägt.

21. Kapitel: Neue Gleise der Hoffnung

Das Ungleichgewicht zwischen Thomas und mir, die Tatsache, dass wir nicht auf der gleichen Ebene miteinander kommunizieren können, hat mich bewogen, eine Selbsthilfegruppe zu suchen für betroffene Mütter, die an Schizophrenie leiden und Kinder haben. Als ersten Schritt eines Austausches erhielt ich im Juli 2014 vom Zentrum für Selbsthilfe die Mailadresse von zwei Betroffenen, die auch an Schizophrenie litten. Beide hatten leider keine Kinder. Unser Austausch dauerte einige Wochen. Wir konnten uns gegenseitig eingestehen, dass das Leben für uns ein „Absitzen" ist - wie ein „Warteraum" vor dem Jenseits, dass wir unfreiwillig auf der Erde leben. Diese Offenheit war sicher eine Erleichterung. Ich spürte aber, dass es etwas ganz anderes ist, ob jemand Kinder hat, um die er sich kümmern muss oder ob er für sich selber zu sorgen hat und keine Verantwortung für Kinder hat. Nach diesem sehr offenen, befreienden Austausch trat der Augenblick ein, an dem ich merkte, dass es ein Zerreden wurde. Beide Mailpartner brachen von sich aus den Kontakt ab – auch ich unternahm keinen weiteren Versuch mehr, den Kontakt aufrecht zu halten.

Nach einem zweiten Anlauf erhielt ich vom Zentrum für Selbsthilfe den Namen einer betroffenen Mutter, die schon vor zwei Jahren versucht hatte, eine Selbsthilfegruppe zu gründen, was leider nicht gelang. Auch beim zweiten Anlauf kam es leider zu keiner Selbsthilfe-Gruppenbildung. Als wir uns beim ersten Mal trafen, sagte sie mir, es habe sie sehr berührt, dass ich nach jahrelanger Trennung wieder zu meiner Familie zurück gezogen sei. Sie hat mich durch diese Rückmeldung zu meinem Bericht inspiriert. Die betroffene Mutter hat mich ein paar großen Dichterinnen wie Else Lasker-Schüler, Annette von Droste-Hülshoff Hilde Domin und Nelly Sachs näher gebracht. Ihre Gedichte zu lesen und mich in deren Welt zu vertiefen ist ein Trost für mich.

Es sind wie Gleichgesinnte, für die es eine Notwendigkeit war, sich schreibend durch das Leben zu retten. Hilde Domin hat einen Satz kreiert, der für mich unerhört ehrlich und mutig ist. „Schreiben war für mich eine Alternative zum Selbstmord". Die Gedichte dieser Frauen geben meiner Seele einen Boden, der trägt und wärmt und doch unsichtbar ist. Die Ehrlichkeit ist befreiend und zeitlos. Es ist für mich wie ein Testament, als würde ich in den Gedichten mit diesen Menschen sprechen.

Durch das Zentrum für Selbsthilfe wurde ich aufmerksam gemacht auf die Trialog-Psychose-Seminare. Thomas und ich beschlossen, gemeinsam an diesen Abenden teilzunehmen. So ist neben dem Rückzug nach Muttenz nicht nur eine räumliche, sondern auch eine persönliche Annäherung entstanden.

Die betroffene Mutter hat mich aber nicht nur zu diesen berühmten Dichtern hingeführt, sondern sie hat den Grundstein gelegt für die Peer-Ausbildung, die sie damals besucht hat. Dabei geht es darum, die Erfahrungen, die ein Mensch in der Psychose gemacht hat, weiter zu geben. Dazu wird eine Ausbildung angeboten, um in verschiedenen Modulen alle Aspekte der Psychose-Erkrankung zu vertiefen. So kann einem Menschen, der in einer Klinik mit dieser Diagnose konfrontiert worden ist, Hoffnung gegeben werden, dass das Leben trotzdem möglich und wertvoll ist. Damals wie heute ist diese neue Perspektive wie ein Hoffnungsschimmer. Ich gebe etwas weiter, das ich selbst erlebt habe. Ich trage die Erinnerung der dunklen Tage meiner eigenen Psychose in mir und kann einer außenstehenden Person helfen, den Weg zu ebnen, neue Schritte zu wagen und dem Leben neu die Hand zu geben.

Neben diesen schönen neuen Perspektiven hat sich für mich noch ein neuer Weg geöffnet. Ein Betreuer unserer Werkstatt hat mir eines Tages ein Kursbuch von Insieme – das sind Kurse für Menschen mit einer Beeinträchtigung – gegeben. Es war ein intuitives Gefühl eines Betreuers, ich könnte vielleicht einen ansprechenden Kurs darin finden. Im Durchblättern sah ich einen angebotenen Kurs mit dem dem Titel „Märchen für Erwachsene". Als ich den Titel las, erinnerte er mich an meinen langjährigen Wusch, Märchenerzählerin zu werden. Der Kurs begann am 17. März 2015. Ich meldete mich an. In diesem Märchenkurs – es waren elf Abende – wurde am Anfang immer das selbe Märchen erzählt. Es war von den Seneca-Indianern und hieß „Der Ursprung aller Geschichten". Mit jedem Mal nahm ich die Bilder des Märchens in mich auf. Natürlich war seit dem ersten Märchenabend die Frage in mir aufgetaucht, ob ich nun zuerst eine Ausbildung machen müsse, um Märchen erzählen zu können. Eine der Leiterinnen erzählte mir, dass sie selber auch keine Ausbildung hinter sich habe, sondern aus Leidenschaft und langjähriger Erfahrung erzählte. Als ich das hörte, war ich erleichtert. Ich spürte, dass sich damit ein weiterer Weg geöffnet hatte. Ich hatte aber noch nie ein Märchen vor Menschen erzählt. Sollte ich dies nun zu ersten Mal wagen?

Eines Tages fragte ich die Leiterinnen, ob ich vor der Gruppe dieses Märchen der Seneca-Indianern erzählen dürfte – und ich erhielt an einem der nächsten Kursabende die Möglichkeit und erzählte dieses Märchen vor den Leitern und allen beeinträchtigten Kursteilnehmern. Ich spürte, wie schön dieses Gefühl war, Bilder eines Märchens ganz in mich aufzunehmen, in die Gestalten des Märchens zu schlüpfen und sie mit eigenen Worten zu verlebendigen. Am Ende der 12 Kursabende wurde mir empfohlen, das Erzählen von Märchen zu üben. Diese Märchen, die ich sammle und aussuche, können bekannte oder weniger Bekannte von den Brüdern Grimm sein, aber auch Märchen von Christian Andersen. Eigentlich bin ich offen für alle Märchen, die mich berühren, wenn ich sie das erste Mal lese. Ich nehme im Lesen der Märchen ihre Bilder auf und nehme sie in jede Faser meines Körpers auf. Dann lasse ich die Bilder während dem Erzählen vor meinem inneren Auge vorbei ziehen und verlebendige sie mit meinen eigenen Worten.

Ich erzählte meiner Bezugsperson unserer Werkstatt davon und sie gab mir die Möglichkeit, als Abschluss der Woche am Freitagnachmittag ein Märchen zu erzählen. Ich mache das nun schon seit Wochen regelmäßig und es ist für alle Anwesende sowie auch für mich eine sehr schöne Erfahrung.

Eine weitere schöne Erfahrung ist die Möglichkeit, vor Pensionären in einem Altenwohnheim, das auf dem Areal des Bürgerspitals liegt, Märchen zu erzählen – also vor Menschen, die ich gar noch nicht kenne. Mir wurde die Möglichkeit gegeben, jede Woche zu den Pensionären zu gehen und ein oder zwei Märchen zu erzählen. Als ich das zweite Mal vor Pensionären erzählte, wurde ich gefragt, ob ich auch einmal einer bettlägrigen Pensionistin ein Märchen erzählen würde. Ich sagte zu und erhielt noch am gleichen späten Nachmittag die Möglichkeit dazu. So hat sich ein Lebenswunsch verwirklicht. Wenn es möglich ist, werde ich die Peer-Ausbildung mit den Märchen verbinden, da sie für mich unglaubliche Weisheit und Trost vermitteln und die Märchenbilder in mir einen Seelenboden bilden. Ich bin dankbar für diese wunderbare Entwicklung.

Als Nachklang zu diesem Bericht möchte ich noch hinzufügen, dass es das Eine ist, einen Bericht zu schreiben, wie das Leben spielt. Hier ist es möglich, das Leben zu bündeln und aus dem Abstand über das Leben und über Ereignisse zu schreiben, wie sie sich begeben haben. Das ganz andere ist es, das Leben im Augenblick zu leben. Hier ist eine Unmittelbarkeit, der die Seele nicht ausweichen kann. Manche Gespräche oder Gedanken lösen Wut aus, verwandeln sich in eine Negativspirale, die die Seele vergiftet. Thomas und ich leben in konträren, widersprüchlichen Welten. Da gibt es immer wieder Missverständnisse. Durch den Austausch in der Angehörigengruppe und meinem Sein in der Werkstatt gibt es Oasen, in die jeder von uns beiden eintauchen kann. Werde ich mir bewusst, wie ich mich in manchen

Situationen von zwischenmenschlichen Dämönchen einfangen lasse und Thomas ungerechterweise zurecht weise – auch wenn meine Bemerkungen doch immer wieder ihre Berechtigung haben – befällt mich ein rabenschwarzes Gewissen und ich würde mich am liebsten unter dem Tisch verstecken. Gott sei Dank können wir – nicht nur Thomas und ich sondern auch die Kinder – über solch schwierige Situationen immer wieder lachen. Ich glaube, dieser Humor, dieses Hinweglachen ist immer wieder ein Geheimnis.

Über dieses Buch

Dieses Buch ist ein Zeugnis einer schwierigen Zeit, in der mich dunkle Kräfte in eine düstere Zwischenwelt und beinahe in den Selbstmord trieben. Es ist auch das Zeugnis der guten Kraft, die unsichtbar wirkt, wenn die Seele sich mit der positiven Lebenskraft verbindet.

Das Arbeiten an diesem Erlebnisbericht war in manchen Passagen recht schwierig. Immer wieder musste ich mich in die damalige Situation versetzen und die Atmosphäre der Dämonen wieder in mir wach rufen. Die Düstere Stimmung ehemaliger Ereignisse füllte mich zeitweise aus und ich musste mich in manchen Augenbicken selber motivieren, dass das Schreiben über diese Zeit für mich Öffentlichkeitsarbeit war und ich den Wunsch in mir spürte, diese Erfahrungen weiter zu geben. Da ich Gleichgesinnte ansprechen wollte, musste ich schwierige Momente wiederkäuen und mir der guten Kraft bewusst werden, die mein Leben begleitet.

Im Anhang habe ich die „Gedichte in der Dunkelheit" aufgeführt, die ich in meinem Erlebnisbericht erwähnt habe.

Zeitweise meinte ich, die einzelnen Schritte, die für die Veröffentlichung des Buches notwendig waren, gar nicht zu schaffen. Das Vertrauen auf meine Intuition sowie der intensive Mailaustausch mit meinem Verleger machten es aber doch möglich, Schritt für Schritt die Hürden bis zur Fertigstellung dieses Buches zu meistern.

Anhang

Gedichte in der Dunkelheit

Das Herz fällt in die Dunkelheit,
lässt sich treiben vom eigenen Kampf des Überlebens,
lässt sich treiben und hüllt seine Klage in Schweigen

das Herz weiß
um Alpgesichter und Sinnlosigkeit,
es springt aber in die Einsamkeit und lässt die Kraft des
Lebens mitten in sein Herz hinein.

∞∞

Das Leben zerbrach
und in ihrem Herzen
zerriss ein Traum

Das Vertrauen ging unter
und in ihrer Seele
stürzte das Licht der Sonne
in die Dunkelheit

die Hoffnung verglühte
und in ihren Augen
verlosch das Licht des Lebens

Leere und Verzweiflung blickte
in die Welt

∞∞

In der Dunkelheit der einsamen Stunden
wanderte sein Fuss durch Berg und Tal
und er klammerte sich an Sterne unvergänglicher Schönheit

in der Nacht der Verzweiflung
griff seine Hand in den Wüstensand,
er fühlte, wie der Sand gleich der Zeit durch seine Finger rieselte,
er fühlte Sehnsucht in seinem Herzen

in der Verlassenheit der sibirischen Nächte
fühlte er die unbarmherzige Natur,
er spürte mitten in der Kälte seinen Herzschlag und begriff,
dass seine Heimat in seinem Herzen lag

∞∞∞

Kälte ergreift
mit eisiger Hand das Herz

Irrsinn dringt gleich Nebelschwaden
in den Menschen

verzweifelt
strauchelt im Wald ein Fuss

tote Gestalten drücken sich an die Bäume
und verbergen ihr Gesicht
in den Blättern der Verschwiegenheit

Hohngelächter entströmt den Erdengesichtern
geisterhafte Klänge huschen durch die Luft

verloren liegt ein Stein vor dem Fuss
Kälte in der Nacht

du legst Dich wie Eis um das Herz,
du hüllst den Verzweifelten in Einsamkeit,
du treibst den Lebensmüden zum Selbstmord,
du brennst Dich ein in das verlorene Herz

Kälte in der Nacht,
wie aus dem Nichts
dringt Dein kalter Nebel in das Herz

∞∞∞

Lebendigkeit sinkt in die Ritzen der Welt
und gerät in Vergessenheit

verlassen liegen verwelkte Blätter am Boden
und tragen in sich die Verlorenheit verzweifelter Menschen

Ohnmacht schreit aus der Einsamkeit
und lässt die ausgelieferte Seele zurück

ein Angstgesicht verzerrt sich in der Dunkelheit

überleben tut not

∞∞∞

Mitten aus der Dunkelheit
entspringt ein Weg,
der Glück und Trauer,
Tod und Befreiung geheimnisvoll vereint

er trägt in sich
den Glanz der verborgenen Sonne,
der mitten in der Nacht gleich der Ewigkeit
in das Leben strahlt

Mitten in der Ausweglosigkeit
entspringt die Poesie

mitten im Winter
blühen Rosen ewiger Schönheit

mitten in der Einsamkeit
entspringt die Quelle der Märchenwelt

verwandelt ins Leichte,
was schwer erschien,
lässt aus Eiskristallen Farben strahlen,
wo einst nur Kälte herrschte

mitten im Leben entspringt die Poesie
und lässt das Herz erblühen

Mitten in der Welt
sperrt der Tod seinen Rachen auf
gleich einem Höllenschlund

Angst lässt helfende Geister des Jenseits
zu gespenstischen Fratzen werden

Ewigkeit taucht ein in die Welt,
stösst an verschlossene Türen

dringt ein in Reichtum und Sinnlosigkeit
nimmt mit sich,
was das Zeitliche gesegnet hat.

∞∞∞

Verlassen,
verloren im Nebel
einsam im Herzen

leere Strassen,
Sehnsucht nach Heimat

Ewigkeit ruft

mitten im Leben
wandert der Einsame
und trägt seine Heimat
im Herzen

Schatten der Nacht
sinken unsichtbar in das Herz
und nehmen den Glanz
von Glück und Schönheit weg

ersticken die Lebenskraft
und nehmen das Licht
des Tages weg

lassen vergessen
die Hoffnung der Sonne

nehmen die Sehnsucht
des Herzens weg

legen sich wie dunkle Hände
um das Herz

ersticken den Glauben an Leben,
Liebe und Leidenschaft

Schatten der Nacht
nehmen mit sich das Leuchten des Augenblicks
und hüllen das Herz ein in verlorene Leere,
der es sich ausgeliefert fühlt

∞∞∞

Wanderer in der Nacht

lass mich eindringen
in Deine Stille

lass mich begleiten
Deine Schritte

lass mich fühlen
Deines Herzens Ringen

lass mich hören
Deine Worte

Wanderer in der Nacht
lass mich erahnen
Deine Einsamkeit

∞∞

Er trank, weil er unglücklich war, dass er lebte.

Er war unglücklich, dass er lebte, da seine Weltsicht keinen
Platz hatte.

Er lebte mitten in der Welt und wollte am Tage singen, um
glücklich zu werden.

Die Welt nannte ihn einen Sandler, da sie nicht wusste, dass
er seine eigene Welt in sich trug, um glücklich zu werden,
aber die Welt um sich nicht aushielt.

So trank er, um zu vergessen, dass er unglücklich war und
seine Welt keinen Platz hatte.

Wenn er getrunken hatte, begann er zu singen, und er vergass
alles um sich, und für einen Augenblick war er wieder
glücklich.

Als er zu sich kam, spürte er den Abscheu der Menschen,
und er war verzweifelt und todunglücklich, dass er lebte.

Und er trank wieder, weil er unglücklich war, dass er lebte
und begann zu singen.

∞∞

Einsam irren die Verzweifelten auf Erden,
denn die Sinnlosigkeit in ihren Herzen
schreit nach Erlösung

verzweifelt irren die Einsamen auf Erden,
denn Kälte strömt in die Ritzen der Welt
und raubt den Menschen immer mehr Hoffnung.

Vergessen wandern die Verrückten in den Anstalten,
denn ihre Herzen träumen von Blumen und Farben,
die der Welt verloren gegangen sind.

Unsichtbar schleicht sich der Tod in die Herzen der Menschen,
doch der Hunger nach Macht riegelt die Türe und Tore zu
und erschreckt vor seiner Anwesenheit.

Vertuscht werden Verbrechen an Frauen und Kindern,
die missbraucht und vergewaltigt werden
und ihrer Leichtigkeit und Freude in ihrem Herzen
beraubt werden

ungehört bleiben Millionen von Menschen,
deren Freiheit und Menschsein mit Füssen getreten wird
und auf offener Strasse grundlos Gewalt erfahren

verleugnet werden jene Menschen,
die durch Selbstmord aus der Welt treten,
da die Kälte der Welt ihr Leben aussichtslos erscheinen lassen
und deren Zahl von Tag zu Tag erschreckend steigt.

∞∞∞

Als sie sich verloren fühlte,
trug ihr der Wind Geschichten zu
und sie fühlte sich wieder getragen

als die Einsamkeit sie ergriff,
hörte sie eine Nachtigall singen
und ihr Herz weinte vor Glück

als die Dunkelheit
sie zu verschlingen drohte,
spiegelten sich in den Wellen des Meeres
die Strahlen der untergehenden Sonne
und schenkten ihrem Herzen Freude

als sie sich nach den Tod sehnte
ging die Morgensonne auf
und trug ihr Herz auf ihren Strahlen
durch die Zeit

als sie keinen Ausweg mehr sah,
schrieb sie ihr Herz in Gedichten frei
und gab sich und anderen neue Kraft
um weiter zu leben

als sie für verrückt erklärt wurde,
begann sie Märchen zu erzählen
und bestärkte manchen Menschen,
den eigenen Weg zu gehen

∞∞

Heimatlos
umherirren im Ungewissen,
Heimat liegt in der Sehnsucht

Einsamkeit

am Horizont liegt ein Streifen Hoffnung,
Heimat für einen Augenblick,
immer wieder neu – Schritte in eine neue Zeit

Worte, die tragen,
Augen, die verstehen – für einen Augenblick

und ewig dreht das Rad der Wanderschaft
Wie ein Kristall leuchtet das Leben in tausend Farben
und jeder ist im Recht,
Zerrbild der Mächte
und immer ist oben unten und unten oben,
eingesperrt im Gefängnis träumt der Mensch von Freiheit

Freiheit mitten in der Heimatlosigkeit,
heimatlos im Augenblick der Sehnsucht,
Einsamkeit mitten in der Heimatlosigkeit

und mitten in der Einsamkeit liegt der Traum des Lebens
der in sich Sehnsucht und Freiheit trägt und das Herz leben lässt.

∞∞∞

Mit stummer Gebärde
öffnet sich das Herz
mitten im Leben für die Ewigkeit

lässt sich tragen von unsichtbarer Kraft,
die den Augenblick erfüllt

schafft sich Raum,
wo das Auge nur Einsamkeit und Dunkel erkennt

lässt einen Weg jenseits des Horizonts entstehen,
der zukünftige Erfüllung
noch unsichtbar in seinem Schoss trägt

das ewige Sein lässt aus der stummen Gebärde
eine sichtbare Gestalt werden

er senkt sich in das Leben
und haucht der werdenden Gestalt geheime Kraft ein,
die in sich Schönheit und Lebendigkeit vereint.

∞∞∞

Sie wollte die geheimnisvolle Kraft sehen,
die unsichtbar das Leben trägt

sie wollte den Atem ergreifen,
der in allem Lebendigen ruht

sie hatte verlernt, schweigend zu lauschen
und in ihrem Herzen zerbrach das Geheimnisvolle
und wurde nackt, und sie fühlte sich verloren

da sie die Kraft nicht mehr spürte,
trat die dunkle Angst in ihr Herz
und die Welt wurde kalt und leer

nichts war da, das sie trug
und dieses Nichts legte sich um ihr Herz
und raubte ihr den Atem

in ihrer Verzweiflung keimte wieder
Sehnsucht in ihrem Herzen auf
und aus der Sehnsucht entstand neue Kraft,
dem Geheimnis des Lebens die Hand zu reichen.

∞∞

Wenn Nacht und Nebel
sich in das Herz senken

wenn Neid und Trug
den Atem der Seele erschweren

wenn Zweifel und Misstrauen
den hellen Gesang der Seele verdunkeln

dann wird irdische Freude und Leichtigkeit
durch tausend Tropfen der Sorge und der Trübsal
verdorben

dann wird der Glockenklang der im Herzen
unhörbar seine Melodie erklingen lässt
mit Schreckgespenstern übertönt,
die den heiteren Gesang humorvoller Schritte
auf irdischen Wegen in Dunkel und Nacht hüllen

dunkle Herzensworte jedoch lassen beiseite
ihre Trübsal und bleierne Schwere,
wenn die leichte Muse sich auf den Weg senkt,
das Herz erfrischt und befreit

so sind es Odysseen der Wanderschaft des Menschen
zwischen dunklen, einsamen Seelenstunden
und heiterer Quelle der Lebensfreude,
die wie Gebirgsbäche zwischen schwer fallenden
Wasserfällen
und leicht plätschernden sprudelnden Quellen wandern

Zur Autorin

Christine Kuhn wurde am 13.9.1966 in Mistelbach (Niederösterreich) geboren. Sie erlernte den Beruf der Krankenschwester, fühlte sich aber der Seelsorge viel näher. Kreative Ausdrucksmittel, vor allem das geschriebene Wort und die Musik, begleiten ihr Leben seit der Kindheit. Das Nicht-Fassbare zwischen den Dingen und hinter allem Lebendigen war schon früh ihr Thema. Sie gab ihren Beruf auf, da sie die immer mehr technische und perfekte Ausrichtung nicht mehr aushielt. Eine schwere Psychose trieb sie in große Einsamkeit und an den Rand des Realitätsverlustes, verbunden mit einer erschreckend ausgeprägten Todessehnsucht. Das geschriebene Wort half ihr immer wieder, sich – gleich Münchhausen – am eigenen Schopf aus dem Sumpf zu ziehen. Sie ist Mutter zweier Kinder. Nach sieben Jahren krankheitsbedingter Trennung von der Familie fand sie den Mut, gemeinsam mit Mann und Kindern das Leben improvisierend zu meistern.